한국안보형사법학회 총서1

선진 통신정보 수집권한 연구

한국안보형사법학회

박영사

머리말

오늘날 국제사회는 안보 환경의 급속한 변화 속에서 그 어느 때보다 정교한 법적·제도적 대응을 요구받고 있습니다. 아울러, 정보통신과학기술 혁신이 가져온 새로운 정보활동, 국가 간 갈등의 다층화, 비전통적 위협의 만연은 전통적인 안보 개념의 경계를 확장시키고 있으며, 특히 정보기관의 역할과 통제의 문제는 민주적 헌정질서의 지속 가능성과도 직결되는 중대한 과제로 부각되고 있습니다. 이러한 흐름 속에서, 우리 학회가 기획한 총서 「선진 통신정보 수집권한 연구」가 출간된 것은 대단히 시의적절한 일이며, 학문적·정책적 함의를 동시에 갖는 성과라고 확신합니다.

이번 연구 총서는 국가안보의 필요성과 기본권 보호라는 두 축의 헌법적 가치 질서 균형을 유지하고, 여전히 해결되지 않은 우리 사회의 통신정보수집권의 문제를 본격적으로 탐구한 연구 결과입니다. 여하한 일이 있어도 정보기관은 국가의 존립과 시민의 안전을 보위하기 위해 필수적인 역할과 기능을 수행하고 있지만, 동시에 그 권한이 비대화되거나 통제장치가 미비할 경우 민주주의의 기반 자체가 흔들릴 수 있습니다. 이에 국민이 부여해 준 그 권한의 행사와 감독에 관한 정밀한 연구는 국가 운영의 건강성을 가늠하는 기본조건이라 할 수 있습니다.

특히 본 연구 총서는 현대 사회의 정보통신기술 환경에서 정보수집 권한을 중심으로 관련 제도와 법리를 체계적이고 비교법적으로 분석하였습니다. 우리나라의 법체계뿐 아니라 영국, 미국, 독일 등 주요 안보선진국가들의 최신 입법례와 사례에 대한 면밀한 검토가 이루어졌습니다. 이러한 비교연구는 단순한 외국제도 소개를 넘어 우리 법제의 구조적 특징과 한계를 드러내고, 향후 제도개선의 방향성을 모색하는 데 실질적 통찰을 제공할 수 있습니다.

아울러 연구 총서는 안보정보기관의 정보수집 업무와 관련된 헌법적 한계, 비례성 원칙, 기본권 보호, 민주적 통제, 기술적 조치의 적정성, 국제 기준과의 정합성 등 복합적 요소를 종합적으로 고찰하였습니다. 즉, 이론과 실무를 유기적으로 결합한 점에서 진취적인 의미를 가지며, 특히 급변하는 정보통신기술 환경 속에서 등장하는 암호통신감청, 온라인수색, 장비 침입 등 새로운 유형의 통신정보수집 기술에 대한 법적 평가를 심도 있게 제시하였습니다. 물론, 안보정보기관의 역할이 은밀성과 전문성에 기반하더라도 그 정당성은 결국 법률에 의한 명확한 근거와 투명한 통제 체계에서 비롯됩니다. 따라서 연구 총서는 단순한 권한 확장의 논의가 아닌, 안보정보기관이 법치주의의 틀 안에서 효과적으로 임무를 수행하기 위한 현실적이고 규범적인 조건을 제시하고 있다는 점에서 학술적 가치와 정책 결정에 기여가 크다고 보입니다. 아울러 최근 국내외에서 논의되고 있는 정보기관의 구조 변화, 국가안보의 체계 재편, 통신비밀보호법의 발전 방향 등과 긴밀히 연계되는 연구로서, 향후 학계와 실무는 물론 입법적 논의에서도 귀중한 참고 자료가 되리라 믿습니다.

본 총서의 발간은 여러 연구자들의 깊은 헌신과 협력을 수반한 노력의 결과입니다. 바쁜 연구 일정 속에서도 치열한 분석과 고도의 전문성을 바탕으로 원고를 집필해 주신 연구진께도 다시 한번 감사의 말씀 드립니다. 아울러 자료 조사와 교정, 편집에 헌신하신 여러 관계자들께도 진심 어린 감사의 뜻을 전합니다. 특히 기획 단계에서부터 소통과 조율의 역할을 맡아주신 편집위원회와 학회 관계자 그리고 협력 실무자들의 노고로 인해 출간이 가능했다고 판단됩니다.

마지막으로 우리 한국안보형사법학회는 앞으로도 국가안보와 형사법, 첨단기술과 법치의 조화를 주제로 하는 연구를 지속적으로 탐구하고, 급변하는 국제 환경 속에서 안보형사법제와 기본권 보호 체계가 어떻게 공존할 수 있는지에 대해 심도 있게 연구하는 전문학회가 되도록 노력하고자 합니다. 이에 본 연구 총서가 그 논의의 기초를 세우고 더 풍부한 학문적 발전을 촉진하는 시작점이 되기를 희망합니다. 또한 본 연구 총서가 학술 연구의 발전뿐 아니라 정책과 실무의 현장에서도 의미 있는 나침반으로 활용되기를 바라며, 우리 사회의 자유와 안전이 조화롭게 발전하는 데 기여할 수 있도록 앞으로도 한국안보형사법학회는 학문적 진정성과 공공적 책임을 다하는 연구에 매진하겠다는 약속을 드립니다. 감사합니다.

2025년 12월

한국안보형사법학회 회장 정용기

목 차

제2장

통신비밀제한조치 - 휴대폰에 대한 통신비밀제한조치 포함

제3장

암호통신감청 및 온라인 수색 ······ 115

제4장

독립된 단행법률 필요 여부 161

제1장

기초

제1절 | 안보정보기관의 의의 · 임무 및 규율 체계

1 안보정보기관의 의의 · 임무 및 이 책의 목적

가. 안보정보기관의 의의 및 임무 · 역할

'안보(安保)'는 '안전보장(安全保障)'의 줄임말이고, '국가안보'란 국가의 존립 · 안전을 위해 국가의 주권과 영토, 시민의 안전과 자유를 지키기 위한 체계적인 보호와 방어를 행하는 활동을 의미한다. 국가의 존립은 가장 중요한 국가의 이익이라고 할 수 있다. 그리고 국가안보가 침해된 후에 국가가 개입하는 것은 국가의 존립 · 안전을 위태롭게 하는 것이므로 국가안보를 위해서는 국가안보 관련 위해 활동을 사전에 탐지 · 분석하여 국가안보가 저해되는 것을 예방할 필요가 있다. 이에 각 국가는 국가안보 위해 관련 활동에 대한 정보를 사전에 탐지 · 수집 · 분석하고, 이를 통해 획득한 정보를 유관기관과 공유하여 국가안보 위해 활동을 차단하는 역할 · 임무를 행하는 '안보정보기관'을[1] 설치 · 운영한다.

---

1) 국가안보관련 정보기관을 지칭하는 용어로는 '정보기관' 또는 '첩보기관(intelligence agency)' 등의 용어들이 일반적으로 사용된다. 국가안보관련 정보수집 권한을 경찰 등 다른 법집행기관 또한 일부 가지는 경우도 있다. '정보기관'이라는 용어는 경찰 등 법집행기관이 정보를 수집 · 분석하는 경우까지 포괄하여 정보수집 권한을 가지는 기관을 통칭한다고 할 수 있는데, 이 책은 '국가안보 전문 정보기관'을 대상으로 한다는 점을 강조하기 위해 '안보정보기관'이

나. 이 책의 목적 및 내용

안보정보기관이 자신의 임무·역할을 제대로 수행하기 위해서는 헌법이 허용하는 한도 내에서 또는 법치주의 한도 내에서 안보정보기관에 적절한 정보수집권한이 인정되어야 한다는 점은 강조할 필요가 없을 것이다. 특히, 오늘날과 같이 모든 것이 인터넷 통신을 통해 이루어지는 디지털시대에는 정보수집권한 중에서도 통신을 대상으로 한 정보수집권한이 더욱 중요한 의미를 가진다.

국가안보는 가장 중요한 법적으로 보호해야 할 이익(또는 '보호법익')이라고 할 수 있기에 대부분의 국가는 '헌법에 의해 허용되는 한도 내에서' 그러나 수사기관에 비해 보다 더 폭넓고, 강한 정보수집권한을 안보정보기관에 인정하는 것이 일반적이다.[2] 다만 그 권한이 남용되지 않도록 그러한 정보수집권한의 인정요건 등에 대해 '법률을 통해서' 가능한 한 상세하게 규율하고자 한다.

우리나라는 법치주의가 실질화되지 못했던, 과거 군사독재 시절에는 안보정보기관의 정보수집권한을 법률을 통해 명문으로 규율하려는 태도를 취하지 않았을 뿐만 아니라, 안보정보기관의 권한이 남용된 경험을 가지고 있다. 이러한 이유로 수사기관의 수사목적의(또는 '수사활동으로서의') 정보수집권한[3] 특히, 통신 대상 정보수집권한의 인정 범위·요건 및 한계에 대해서는 공개적으로 논의되고 수많은 문헌이 있지만, 안보정보기관의 정보수집권한 특히, 통신대상 정보수집권한의 인정범위·요건 및 한계에 대한 논의는 상대적으로 매우 적을뿐만 아니라, 과거의 경험으로 인해서인지 그에 대해 논의하거나 현행법에 비해 그 권한을 강하게 인정할 필요성에 대해 논하는 것은 거의 터부(Taboo)로 되는 경향이 있고, 안보정보기관의 통신대상 정보수집권한을 비교법적으로 상세히 연구하는 문헌은 매우 드물다.[4]

라는 용어를 사용한다.

2) 이에 대해 개괄적으로는 박경규·윤해성, "독일법상 국가안보정보기관 수집 정보를 형사소추기관에게로 전달·공유할 수 있는 요건·범위", 비교형사법연구 제26권 제3호, 2024, 39면 이하 참조.

3) 수사기관의 수사활동도 그 본질은 범죄혐의를 입증하기 위한 정보를 수집하는 것 즉, 넓은 의미에서 '정보수집 활동'이라는 점에 대해서는 박경규, "전자정보의 수색·압수에서 피압수자등의 참여권 - 대법원 2015. 7. 16. 선고 2011모1839 전원합의체 결정 및 대법원 2018. 2. 8. 선고 2017도13263 판결 -", 형사법의 신동향 통권 제65호, 2019, 296-298면 참조.

'헌법 또는 법치주의의 한도 내에서 안보정보기관에 어느 정도로 정보수집권한 특히, 오늘날 그 중요성이 더욱 커지는 통신대상 정보수집권한이 인정될 수 있는가'의 문제와 권한남용의 문제는 구별되어야 한다. 권한남용의 문제는 권한이 남용되지 않도록 그 권한의 인정 요건·범위 및 권한행사의 절차 명문화, 적절한 감독·통제 장치·제도 마련 등의 방안을 함께 모색함으로써 해결되어야 할 문제이지, 권한남용에 대한 우려로 '헌법 또는 법치주의 한도 내에서 안보정보기관에 인정될 수 있고, 인정될 필요 있는 정보수집권한'을 인정하지 않는 것은 인정되어야 할 권한은 부여하지 않은 채(조금 비유적으로 표현하자면, '팔과 다리는 잘라버린 채') 임무·역할을 수행하라는 것이므로 안보정보기관이 제대로 자신의 임무·역할을 수행할 수 없도록 만드는 것이고, 종국적으로는 국가안보가 위태롭게 될 수 있다.

따라서 해외 선진 국가를 대상으로 하여 '해외 주요 선진국은 안보정보기관에 어느 정도로 통신대상 정보수집권한을 인정하고 있는가'를 비교법적으로 검토함으로써 '헌법 또는 법치주의 한도 내에서 안보정보기관에 인정될 수 있고, 인정될 필요 있는 안보목적의 통신대상 정보수집권의 범위'를 파악하고, 우리나라에서도 그에 상응하는 통신대상 정보수집권을 안보정보기관에 인정할 필요가 있다. 이를 위해 이 책은 먼저, 본 장에서는 안보정보기관의 통신대상 정보수집권의 인정범위의 문제를 이해하기 위한 기초적 사항들에 대해 살펴본다. 아래 2.에서는 우리나라 및 해외 주요 국가(영국, 미국 및 독일)의 안보정보기관의 유형, 안보정보기관의 근거법률 및 안보정보기관의 정보수집권 규율체계에 대해 살펴보고, 본 장의 제2절에서는 '안보정보기관의 통신대상 정보수집권이 어느 정도로 인정될 수 있는가'의 문제를 검토하는 이론적 기초에 대해 살펴본다.

다음으로, 제3장 및 제4장에서는 우리나라, 영국, 미국 및 독일에서 안보정보기관의 통신대상 정보수집권 인정 범위에 대해 상세히 비교법적으로 검토한다. 이 책은 안보정보기관의 정보수집권 인정범위에 대해 다루는 글이므로 수사기관의

---

4) 수사기관이 아니라, 안보정보기관에 집중하여, 안보정보기관의 통신대상 정보수집권한을 비교법적으로 분석하는 글로는, 일부만 언급하자면, 김창섭 · 이상진, "안보위협 최신 암호통신에 관한 대응방안 연구", 국가안보와 전략 제21권 제3호, 2021, 95면 이하; 김창섭 · 윤상필 · 이상진, " 해외정보기관의 디지털정보 수집 법제도 분석: 4개 중견국의 사례를 중심으로", 국가전략 제29권 제1호, 2023, 147면 이하.

수사목적의 통신대상 정보수집권에 대해서는 안보정보기관의 정보수집권을 검토하는 데 필요한 한도에서만 다룬다. 제2장에서는 통신대상 '일반 통신비밀제한조치'에 대해 상세히 비교법적 검토를 하고, 제3장에서는 '암호통신감청 및 온라인 수색'에 대해 상세히 비교법적 검토를 하면서 해당 부분에서 우리 법의 개선방안에 대해 함께 살펴본다.

제4장에서는 제2장 및 제3장에서 검토한 개선방안을 입법화함에 있어서 거시적 차원의 규율체계 관련 문제 예컨대, 독립된 단행법률을 제정하여 안보정보기관의 통신대상 정보수집권한에 대해 규율할 것인지의 문제 등을 검토하면서 종합적으로 입법적 개선방안을 제시한다.

2 우리나라 및 해외 주요국의 안보정보기관, 근거법률 및 정보수집권한 규율 체계 개관

가. 우리나라

국가안보 관련 정보를 수집·분석 및 공유하는 역할을 하는 안보정보기관을 통칭하여 '안보정보기관 공동체(Intelligence Community)'라고 한다.[5] 우리나라에서 '안보정보기관 공동체'에 속하는 기관에는 경찰 등도 포함될 수 있지만, 우리나라에서 국가안보 관련 정보를 수집·분석하고 공유하는 전문기관은 국가정보원(이하 '국정원')이고, 우리 국가정보원은 국가안보 관련 국내정보뿐만 아니라, 국가안보 관련 해외정보를 수집·분석하고 공유하는 권한을 가진 기관이다.

국정원의 설치·조직·직무 등에 관한 근거법률은 「국가정보원법」(이하 '국정원법')과 「국가정보원직원법」이다. 국정원의 정보수집권한에 대해 규율하는 법률로는 국정원법, 「통신비밀보호법」(이하 '통비법')과 「국민보호와 공공안전을 위한 테러방지법」(이하 '테러방지법') 등이 있다.

5) Joseph Balodis, UK Intelligence Community: An Overview, Jan. 7 2025, https://greydynamics.com/uk-intelligence-community-an-overview/ (2025.5.10. 최종검색).

통비법은 대화 및 통신의 자유 및 비밀을 보장하기 위해 대화 및 우편·전기 통신의 내용 등을 불법적으로 취득하는 행위에 대한 제재와 대화 및 우편·전기 통신의 내용 등을 취득하는 행위가 법적으로 허용되는 경우를 규율하고 있는 법률이다. 후자와 관련하여 통비법은 범죄수사기관이 범죄수사목적으로 전기통신의 내용 등에 관한 정보를 취득하는 것이 허용되는 요건·범위 및 절차 그리고 안보정보기관이 국가안보목적으로 전기통신의 내용 등에 관한 정보를 취득하는 것이 허용되는 요건·범위 및 절차를 규율하고 있다. 즉, 우리나라는 범죄수사목적의 전기통신 대상 수사기관의 정보 수집·분석권과 국가안보목적의 안보정보기관의 전기통신 대상 정보 수집·분석권을 통비법에서 함께 규율하고 있기에 국정원의 국가안보관련 정보 수집·분석권 중 전기통신 대상 정보 수집·분석권은 통비법에서 규율되고 있다.

테러방지법은 제9조(테러위험인물에 대한 정보수집 등)에서 국정원의 테러위험인물에 대한 출입국·금융거래 및 통신이용 등 관련 정보의 수집권, 위치정보수집권, 추적권에 대해 규율하고 있다.

나. 해외 주요국

1) 영국

가) 영국의 안보정보기관

아래 표는 영국의 '안보정보기관 공동체(Intelligence Community)'에 속하는 주요 안보정보기관,[6] 그러한 기관의 설치 등에 관한 근거법률 및 안보정보기관의 정보 수집·분석권 규율법률을 간략히 정리한 것이다.[7]

---

6) 해당 표는 일부 기관만을 정리한 것이다.

7) 영국의 주요 안보정보기관에 대한 개괄적 소개는 김병준, "한국과 영국 정보기관의 조직체계와 직무에 관한 연구", 한국공안행정학회보 제32권 제3호, 2023, 121면 이하; 김한균, "수사기관의 정보 수집·생산 기능 합리화 - 영국 국가범죄수사청 정보기능 분장 및 통제 사례를 중심으로 -", 형사소송 이론과 실무 제11권 제2호, 2019, 153면 이하; 이주락, "영국 정보기관의 정보활동 연구: 국내정보활동을 중심으로", 한국사회안전학회지 제12권 제2호, 2017, 137면 이하; 윤태영, "주요국 정보기관의 국내정보활동: 영국, 미국, 이스라엘 사례와 한국에

표 영국의 안보정보기관 공동체

책임 부처	기관	임무 · 기능	설치 등 근거법률	정보수집 · 분석권 규율 법률
내각 사무처	NSC(국가안전회의)	국가 최고 정보 수요자 및 정책결정자의 집합체		
	JIC(합동정보위원회)	평가보고서를 최종 검토 및 승인, 고위관료 및 장차관들에게 배포		
	Joint Intelligence Organisation, JIO(합동정보기구)	합동정보분석(모든 정보를 취합하여 평가보고서 작성, 정보기관들의 정보 분석 능력 향상 도모)		
내무부	Security Service = MI5 (보안부; 보안청[8])	국내정보 수집 – 대테러, 방첩, 중대 범죄 정보 수집 · 분석	Security Service Act 1989 (보안부법 1998)	• RIPA • IPA
	National Crime Agence, NCA(국가범죄수사청)	조직범죄 정보 수집 · 분석		• RIPA • IPA • 수사활동 규율 법률
외교부	Secret Intelligence Service, SIS = MI6 (비밀정보부; 대외정보부; 대외정보청[9])	해외정보 수집 · 분석	Intelligence Services Act 1994 (정보기관법 1994)	RIPA IPA
	Government Communications Headquarters, GCHQ (정보통신본부)	신호 기반 정보 수집 및 분석 (코드 분석 및 암호화 등)	Intelligence Services Act 1994 (정보기관법 1994)	RIPA IPA
국방부	Defence Intelligence, DI (국방정보부)	군사정보 수집분석		

〈출처〉 이 책 저자에 의한 작성.

대한 함의", 한국치안행정논집 제12권 제3호, 2015, 70면 이하; 문경환, "주요 국가의 국내정보 활동 및 조직체계 연구 : 영국 · 미국 · 프랑스 · 우리나라의 국내정보기구를 중심으로", 한국경호경비학회 제41호, 2014, 158면 이하.

영국의 대표적인 안보정보기관은 ① 'MI5'로 지칭되기도 하는, 영국 내무부 산하의 '안보부(Security Service, SS)', ② 'MI6'으로 지칭되기도 하는, 외교부 산하의 '비밀정보부(Secret Intelligence Service, SIS)' 그리고 ③ 외교부 산하의 '정보통신본부(Government Communications Headquarters, GCHQ)이다. SS의 근거법률은 「안보부법률 1989(Security Service Act 1989)」이고, SIS와 GCHQ의 근거법률은 「정보기관법률(Intelligence Services Act)」이다.

안보부법률 제1조에 의하면, SS(안보부)의 임무는 '국가안보를 보호하는 것이며, 특히 스파이, 테러 및 사부타주로부터의 위협, 외세 대리인의 활동, 정치적, 산업적 또는 폭력적인 수단을 통해 의회 민주주의를 전복하거나 훼손하려는 행위로부터 보호하는 것'이고, '영연방제도 외부에 있는 사람들의 행동이나 의도로 인한 위협으로부터 영국의 경제적 안녕을 보호하는 것'과 '중대범죄 예방 및 탐지를 위해 경찰 및 기타 법집행기관의 활동을 지원하는 것'도 SS의 임무에 속한다. 비밀정보기관법률 제1조에 의하면, SIS의 임무는 '① 국가안보를 위해, 특히 영연방국의 국방 및 외교 정책과 관련하여; 또는 ② 영국의 경제적 복지를 위해; 또는 ③ 중대범죄의 예방 또는 탐지를 지원하기 위해, 영연방제도 외부에 있는 사람들의 행동이나 의도와 관련된 정보를 얻고 제공하는 것 그리고 그러한 사람들의 행동이나 의도와 관련된 다른 작업을 수행하는 것'이다. 정보기관법률 제3조에 의하면, GCHQ의 임무는, '① 국가안보를 위해, 특히 영연방국의 국방 및 외교 정책과 관련하여; 또는 ② 영국의 경제적 복지를 위해; 또는 ③ 중대범죄의 예방 또는 탐지를 지원하기 위해, ㉠ 전자적, 음향의 그리고 기타의 발산신호 및 그러한 발산신호를 생성하는 모든 장비를 모니터링하거나 개입하고, 그러한 발산신호나 장비 및 암호화된 자료에서 파생되거나 관련된 정보를 얻고 제공하는 것, 그리고 ㉡ 기술적 문제에 사용되는 용어를 포함한 언어에 대한 조언과 도움을 제공하는 것 그리고 영국의 군대, 영국 정부 또는 북아일랜드 부처에 관한 암호화 및 기타 사항에 관한 조언과 도움을 제공하는 것'이다.

---

8) SS는 '보안부'로 번역되기도 하고, '보안청'으로 번역되기도 한다.

9) SIS는 번역자에 따라 '비밀정보부', '대외정보부', '대외정보청' 등으로 번역되고 있다.

나) 안보정보기관의 통신대상 정보수집권한 규율 법률

안보부법률과 정보기관법률은 SS, SIS 및 GCHQ의 임무·역할, 조직·구성 등에 관한 근거법률로서 해당 정보기관의 정보수집 권한과 관련하여서는 영장청구 관련 승인 절차에 관한 사항에 관한 규정 등 정보기관의 정보수집 권한·방법에 관한 일부 규정을 포함하고 있지만, 안보정보기관의 정보수집 권한·방법에 대해 자세히 규율하는 법률은 아니다. 위 안보정보기관의 국가안보목적의 정보수집 권한·방법에 대해 자세히 규율하고 있는 법률은 「조사권한규제법률 2000(Regulation of Investigatory Powers Act 2000, RIPA)」(이하 'RIPA')과 「조사권한법률 2016(Investigatory Powers Act 2016, IPA)」(이하 'IPA')이다. RIPA와 IPA는 수사기관만을 적용대상으로 하여 수사기관의 '수사목적의' 정보수집 권한·방법에 대해서만 규율하는 법률이 아니라, 수사기관과 안보정보기관 모두를 적용대상으로 하여 '수사목적'의 그리고 '국가안보목적'의 정보수집 권한·방법 모두에 대해 규율하고 있는 법률이다. 따라서 동 법률들에서의 "investigation"을 '수사'로 번역하면 동 법률들이 수사기관의 수사목적의 정보수집에 대해서만 규율하는 것으로 오해될 수 있는바, 이 책에서는 동 법률들상의 'investigation'을 '조사'로 번역한다.

RIPA는 수사기관 및 정보기관의 '거주지, 차량 등 사적 공간 등에 대한 침해적 감시(intrusive surveillance)', '특정 활동 과정에서의 (오프라인) 비밀적 감시(covert surveillance in the course of specific operations)', '비밀 정보원·조사요원 등 사용(the use of covert human intelligence sources)' 그리고 통신대상 정보수집 권한·방법 등에 대해 규율하고 있었던 법률인데, 수사기관 및 정보기관의 통신대상 정보수집 권한·방법에 대해서는 2016년에 IPA 2016을 제정하여 동 법률에서 규율하고 있다. IPA는 프라이버시 보호를 위해 수사기관 및 안보정보기관을 모두 적용범위로 하여, 의사소통·통신(communication)의 내용 등을 취득하는 행위를 원칙적으로 금지하고 그에 위반하는 행위를 범죄로 규정하면서, 수사기관 및 정보기관이 의사소통·통신(communication) 특히, 원거리통신을 대상으로 하여 그 내용 등을 적법하게 취득할 수 있는 조치의 유형, 요건, 절차 등에 대해 상세히 규율하고 있는 법률이다. 즉, 영국 IPA는 우리의 통비법에 상응하는 법률이라고 할 수 있다.

다) IPA의 체계

제1편 일반적인 프라이버시 보호(General privacy protections)
제2편 적법한 의사소통 가로채기(Lawful interception of communications)
제3편 의사소통 데이터의 취득 승인(Authorisations for obtaining communications data)
제4편 의사소통 데이터의 보관(Retention of communications data)
제5편 의사소통 장비에로의 침입(Equipment interference)
제6편 대량 영장(Bulk warrants)
 제1절 대량 가로채기 영장(Bulk interception warrants)
 제2절 대량 데이터취득승인 영장(Bulk acquisition warrants)
 제3절 대량 장비침입 영장(Bulk equipment interference warrants)
제7편 대량 개인정보세트 영장(Bulk personal dataset warrants)
제7A편 대량 개인정보세트 승인(Bulk personal dataset authorisations)
제7B편 제3자 대량 개인정보세트(Third party bulk personal datasets)
제8편 감독(Oversight arrangements)
제9편 보칙 및 통칙(Miscellaneous and general provisions)

IPA는 총 11개의 편(Part)으로 구성되어 있다. 그리고 실무지침(Code of practice)으로「통신내용 가로채기 - 실무지침(Interception of communications - code of practice 2022)」,「통신데이터 - 실무지침(Communications data - code of practice)」,「대량 통신 데이터 취득 - 실무지침 Bulk acquisition of communications data - code of practice)」,「안보정보기관의 대량 개인정보 데이터세트의 보관 및 사용 - 실무지침(Intelligence services' retention and use of bulk personal datasets)」,「의사소통장비에로의 침입 - 실무지침(Equipment interference - code of practice)」,「국가안보경보 - 실무지침(National security notices - code of practice)」이 있다.[10)]

10) https://www.gov.uk/government/collections/investigatory-powers-act-codes-of-practice (2025.7.10. 검색)에서 다운로드 가능.

2) 미국

가) 미국의 안보정보기관

미국의 안보정보기관 공동체(intelligence community)는 총 18개의 안보정보기관으로 구성된다. 2개의 독립 기관으로 국가정보장실(Office of the Director of National Intelligence, ODNI) 그리고 중앙정보부(Central Intelligence Agency, CIA)가 있고, 7개 부처 산하의 여러 안보정보기관이 있으며, 국방부 산하의 9개 안보정보기관이 있다.

대통령 직속의 중앙정보부(CIA)는 해외 정보 수집 · 분석 기관이다. 미국에서 국가안보 관련 국내정보를 수집 · 분석하는 권한을 가진 기관은 여러 부처에 산재되어 있는데, 법무부에는 연방범죄수사청(FBI)[11] 산하 부서인 국가안보부(NSB) 그리고 마약청(DEA)이 있다. 법무부 산하 '연방수사국(FBI)'은 연방범죄에 대한 수사권을 가지는 기관인 동시에 국가안보 관련 정보를 수집 · 분석 · 배포하는 권한을 가진 '법집행(Law Enforcement) 기관'이다. 아래 표는 FBI의 조직도인데, FBI 내에서 연방범죄 수사를 담당하는 수사부서와 국가안보 관련 정보를 수집 · 분석 · 배포하는 역할을 담당하는 부서는 분리되어 있다. 후자는 'FBI 내의 국가안보부(National Security Branch, NSB)'가 담당한다.

11) 연방범죄수사청은 연방범죄를 수사하는 권한을 가질 뿐만 아니라, 국가안보 관련 정보를 수집 · 분석 · 공유하는 권한도 일부 가진다.

그림 연방법무부 산하 연방수사국의 조직도

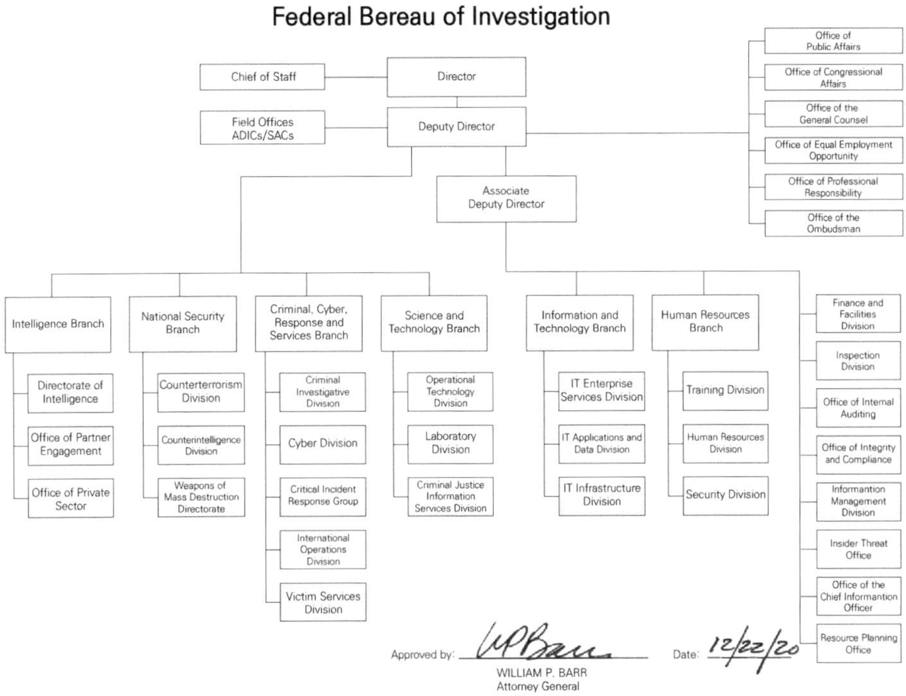

〈출처〉 https://www.justice.gov/doj/federal-bureau-investigation

나) 안보정보기관의 정보수집권한 규율 체계

미국은 수사기관의 범죄수사목적의 통신비밀제한조치에 대해서는 「전기통신프라이버시법 1986(Electronic Communications Privacy Act of 1986)」(이하 'ECPA')[12] 등을 통해 규율하고 있지만, 안보정보기관의 정보 수집·분석권에 대해서는 이른바 '미국 자유법(USA Freedom Act)'으로 지칭되는 「권리 실현 및 감시에 대한 효과적 통제 확보를 통한 미국 통합과 강화를 위한 법률 2015(Uniting and Strengthening America by Fulfilling Rights and Ensuring Effective Discipline Over Monitoring Act 2015)」

12) 「전기통신프라이버시법」은 미 연방법률집 제18편(범죄 및 형사절차) 제119장(유선 및 전기통신 가로채기 및 대화 가로채기)에 편재되어 있다.

그리고 「해외첩보감시법(Foreign Intelligence Surveillance Act 1978)」(이하 'FISA')[13] 등을 통해 규율하고 있다.

FISA는 외국세력(foreign power) 관련 안보위해 정보를 수집·분석하는 권한 등에 대해 규율하는 법률이고, 1978년에 제정되어 「2008년 해외첩보감시법 개정법률」 등에 의해 개정되어 왔다. FISA는 해외세력에 대한 '전자감시' 권한, 물리적 수색 권한, 펜 레지스트(Pen Register) 및 트랩 앤 트레이스(Trap and Trace) 조치 권한에 대해 규율하고 있다.

FISA는 '해외첩보(foreign intelligence)'에 대한 '전자감시(electronic surveillance)' 권한 등을 규율하는 법률이지, 그러한 권한을 가지는 안보정보기관을 CIA로 한정하고 있지 않다. 따라서 FBI 또한 FISA상의 '해외첩보에 대한 전자감시' 권한을 행사할 수 있다.

3) 독일

가) 독일의 안보정보기관의 유형 및 근거법률

우리의 '국가안보'에 대응하는 개념으로 독일에서는 '헌법보호(Verfassungsschutz)'라는 용어가 사용되고 있다. 간략히 서술하자면, '헌법보호'란 '자유민주적 기본질서, 연방·주의 존립과 안전을 위태화하는 시도, 활동 등에 대응하는 것'이라고 할 수 있다. 독일은 이른바 '정보기관-(수사상)강제조치를 행할 수 있는 행정기관·준사법기관(경찰, 검찰 등) 분리원칙(Trennungsprinzip)'에[14] 따라 '국가안보 관련 정보기

---

13) 해외첩보감시법(FISA)은 미 연방법률집 제50편(전쟁 및 국가 방위) 제36장(해외첩보감시)에 편재되어 있다.

14) '정보기관-강제조치기관(경찰 등) 분리원칙'에 대해서는 박희영·홍선기, "독일 정보기관의 공법 체계 및 경찰과의 분리원칙", 법학논집 제26권 제3호, 2022, 246면 이하; 박희영, "최근 독일 정보기관의 정보수집권 확대와 형사정책적 시사점 - 암호통신감청, 전략적 해외통신감청, 온라인 수색을 중심으로 -", 형사정책연구 제32권 제3호, 2021, 123면 이하; 강수경·김호, "독일 경찰의 역사적 전개와 분리원칙", 법학연구 통권 제70집, 2022, 205면 이하; 이경렬·배수용, "경찰활동의 수사와 정보 분리에 관한 법제의 비교 검토", 형사법의 신동향 통권 제63호, 2019, 198면 이하; 최영관, "'분리원칙' 및 '가외성'을 중심으로 한 국내정보 활동 방향에 관한 연구", 한국테러학회보 제14권 제4호, 2021, 8면 이하 참조.

관'의 임무를 '자유민주적 기본질서, 연방·주의 존립과 안전을 위태화하는 시도, 활동 등 헌법보호임무 관련 정보를 수집·분석·평가하고, 이를 통해 획득한 인식·정보·데이터를 다른 기관에 전달하는 것'으로 하고 있다.

독일에서 안보정보기관으로는, 헌법보호 관련 국내정보를 담당하는 기관으로 연방차원에서는 연방헌법보호청(Bundverfassungsschutzbehörde, BfV) 그리고 각 주(州)에는 '주 헌법보호청(Landesverfassungsschutzbehörde, LfV)'이 있다. 그리고 외교·안보정책 관련 정보를 다루는 즉, 국외정보를 관할하는 정보기관으로 연방정보부(Bundesnachrichtendienst, BND)가 있다. 마지막으로 군내의 방첩을 담당하는 정보기관으로 군정보부(Militärischer Abschirmdienst, MAD)가 있다. 연방헌법보호청의 근거법률은「헌법보호 업무에서 연방과 주의 협력 및 연방헌법보호청에 관한 법률(Gesetz über die Zusammenarbeit des Bundes und der Länder in Angelegenheiten des Verfassungsschutzes und über das Bundesamt für Verfassungsschutz, Bundesverfassungsschutzgesetz, BVerfSchG)」(이하 '연방헌법보호청법률')이고, 연방헌법보호청은 연방내무부 산하 기구이다. 각 주의 주(州)헌법보호청은 '각 주의 헌법보호청법률'에 근거하며, 근거법률에 따라 주내무부 산하 기구 또는 독자적인 기관으로 설치되어 있다. 연방정보부의 근거법률은「연방정보기관에 관한 법률(Gesetz über den Bundesnachrichtendienst, BND-Gesetz, BNDG)」(이하 '연방정보기관법률')이고, 연방정보부는 연방외교부에 설치되어 있다. 군정보부의 근거법률은 「군정보부에 관한 법률(Gesetz über den militärischen Abschirmdienst, MAD-Gesetz, MADG)」(이하 '군정보부법률')이고, 군정보부는 연방국방부에 설치되어 있다.

연방헌법보호청법률 제3조제1항에 의하면 연방헌법보호청 및 주헌법보호청의 임무는 "자유민주적 기본질서, 연방·주의 존립과 안전에 반하는 시도 또는 연방·주의 헌법적 기관 또는 그 구성원의 직무집행을 불법적으로 침해하려는 시도(Bestrebungen), 동 법률의 적용범위에서의 타국을 위한 안보위해활동 또는 비밀적인 활동, 폭력사용을 통해 독일의 외교적 이익을 위태롭게 하려는 시도, 국제평화에 반하는 시도들에 관한 정보, 뉴스, 문서들을 수집·분석·평가하는 것"이다. 군정보부법률은 군정보부의 임무를 헌법보호청과 거의 유사하게 규정하고 있다. 연방정보부법률 제1조제2항에 의하면 연방정보부의 임무는 "독일연방공화국의 외교·안보정책상 중요한 외국에 대한 '새로운 정보'(Erkenntnisse)를 확보하기 위해 필요한 정보(Informationen)를 수집하고 분석·평가하는 것이다.

나) 안보정보기관의 정보수집권한 규율 법률의 체계

독일은 수사기관, 일반적 위험예방·방지활동을 행하는 행정기관 그리고 '국가안보 관련 정보기관'의 정보수집 권한 및 방법, 수집한 정보의 전달 등에 대해 다른 법령에서 규율하고 있다.

먼저, 수사기관(경찰, 검찰)의 범죄수사목적의 정보수집 권한 및 방법에 대해서는 형사소송법(률)에서 규율하고 있다. 예컨대 범죄수사목적의 통신비밀제한조치, 온라인수색 등에 대해서는 형사소송법에서 규율하고 있다.

다음으로, 경찰의 위험예방·방지활동을 위한 정보수집 권한 및 방법 특히, '테러리즘에 대응하기 위한 경찰의 정보수집 권한 및 방법'에 대해서는 연방경찰의 경우 「연방범죄수사청 및 사법경찰업무에서 연방과 주의 협력에 관한 법률(Gesetz über das Bundeskriminalamt und die Zusammenarbeit des Bundes und der Länder in kriminalpolizeilichen Angelegenheiten, Bundeskriminalamtgesetz, BKAG)」(이하 '연방범죄수사청법률')에서 규율하고 있고, 각 주의 경우 각 주 「경찰법률(Polizeigesetz)」에서 규율하고 있다.

각 '국가안보 관련 정보기관'(연방헌법보호청, 각 주의 헌법보호청, 연방정보부, 군정보부)의 정보수집 권한 및 방법, 정보전달 등에 대해 규율하는 법률로는 먼저, 각 기관의 근거법률이 있다. 연방헌법보호청법률은 연방헌법보호청의 임무, 정보수집 권한 및 방법, 정보공유 등에 대해 규율하고 있고, 각 주의 헌법보호청법률은 주 헌법보호청의 임무, 정보수집 권한 및 방법, 정보공유 등에 대해 규율하고 있으며, 연방정보부법률은 연방정보부의 임무, 정보수집 권한 및 방법, 정보공유 등에 대해 규율하고 있고, 군정보부법률은 군정보부의 임무, 정보수집 권한 및 방법, 정보공유 등에 대해 규율하고 있다.

한편, 독일 기본법(Grundgesetz)[15] 제10조는 "서신비밀, 우편비밀 및 통신비밀은 침해될 수 없다(제1항). 서신·우편·통신비밀에 대한 제한은 법률에 근거해서만 가

15) 독일은 '헌법'을 '기본법'이라고 명명하고 있다.

능하다. 그러한 제한이 자유민주적 기본질서 또는 연방·주의 존립과 안전을 보호하는데 기여하는 경우, 제한법률은 당사자에게 그러한 제한조치를 통지하지 않을 수 있다는 것과 소송상의 쟁송수단 대신에 의회가 임명하는 기관과 보조기관이 심사할 수 있다는 것을 규정할 수 있다."고 하고 있다. 이에 따라 독일은, '국가안보 관련 정보기관에 의한 서신·우편·통신비밀의 제한조치'에 대해 자세히 규율하고 있는, 「서신·우편·통신비밀의 제한을 위한 법률(Gesetz zur Beschränkung des Brief-, Post- und Fernmeldegeheimnisses (Artikel 10-Gesetz, G 10)」(이하 '통신비밀제한법률')을 두고 있다. **통신비밀제한법률은 '국가안보 관련 정보기관의 국가안보위험을 예방·방지하기 위한 정보수집 권한·방법으로서의 서신·우편·통신비밀의 제한조치' 및 정보공유 요건·범위 등에 대해 규율**하고 있기에 연방헌법보호청, 주헌법보호청, 군정보부 및 연방정보부 모두를 적용범위로 한다. 그리고 동 법률은 수사기관의 범죄수사목적의 통신제한조치 또는 경찰의 위험예방·방지목적의 통신제한조치에 대해서는 규율하지 않는다.

제2절 | 안보정보기관의 통신대상 정보수집권한의 한계 검토에 관한 일반원칙 개관

1 서설

국민의 기본권은 제한될 수 없는 절대적 권리가 아니라, 비례성 원칙에 따라 합리적 사유에 근거하여 그리고 적법한 절차에 의해 제한될 수 있다. 우리 헌법 제37조 제2항도 "국민의 모든 자유와 권리는 국가안전보장・질서유지 또는 공공복리를 위하여 필요한 경우에 한하여 법률로써 제한할 수 있으며, 제한하는 경우에도 자유와 권리의 본질적인 내용을 침해할 수 없다."고 하여 (광의의) 비례성원칙에 따라 모든 기본권이 제한될 수 있음을 선언하고 있다. 따라서 전기통신과 관련하여 국민이 향유하는 '통신의 자유', '통신의 비밀' 등의 기본권도 '국가안보'를 위해 비례성 원칙에 따라 제한될 수 있고, 다만 비례성원칙에 합치하지 않는 과도한 기본권 제한은 '기본권에 대한 침해'에 해당하므로 위헌이다.

안보정보기관이 '국가안보목적'으로 가지는 통신대상 정보 수집·분석권은 헌법적 한도 내에서 즉, 기본권 제한의 한계에 관한 일반원칙을 준수하면서 인정되어야 한다는 점은 당연하다. 안보정보기관에 어느 정도의 통신대상 정보 수집·분석권(또는 정보 수집조치)이 인정될 수 있는가의 문제는 '국가안보 보호'의 요청과 '국민의 기본권을 보장해야 한다는 요청'이 상호 비례적인 선에서 즉, 과도한 기본권 제한(즉, 기본권의 침해)이 이루어지지 않도록, 양자를 상호조화시키는 선에서 결정되어야 한다. '양자를 상호조화시키는 선'이 무엇인가를 이해하기 위해서는 먼저, 그러한 선을 정할 때 일반적으로 적용되는 요소들 또는 고려되는 요소들이 무엇인가를 이해할 필요가 있다. 즉, '안보정보기관의 국가안보를 위한 전기통신 대상 정보수집 조치·권한이 헌법적 한도 내에서 인정될 수 있는 합당한 조치·권한인가'를 판단할 때 일반적으로 고려되는 요소들에 대해 먼저 이해할 필요가 있다.

2 보호법익, 안보정보기관의 역할 · 임무와 수사기관의 역할 · 임무 구분

가. 보호법익

국가에 어느 정도의 기본권 제한조치가 인정되는지의 문제에 있어서는 국가가 그러한 조치를 통해서 보호하고자 하는 법적 이익(이를 '보호법익'이라 함)이 무엇인지가 고려되어야 한다. 예컨대 국가의 존립 · 안전, 개인의 생명, 개인의 신체적 활동 · 이동의 자유, 개인의 재산권 등을 '보호법익'이라고 하는데, 이러한 보호법익 간에도 그 보호법익 자체만을 기준으로 하였을 때에는(보호법익에 대한 제한의 규모 · 정도를 고려하지 않고 그 보호법익 자체의 가치 · 중요성만을 기준으로 할 때를 의미함) 어느 정도 보호법익 간에 우열관계가 인정된다. 예컨대 '재산권'이라는 보호법익보다는 '생명권'이라는 보호법익이 더 중요하다는 것을 예로 들 수 있다. 그리고 기본권제한 규정이 위헌인지를 심사함에 있어서, '기본권제한 조치가 보다 더 중요한 보호법익을 보호하기 위해 상대적으로 경한 가치라고 할 수 있는 보호법익을 제한하는 것인가'라는 기준은 기본권제한조치의 위헌 여부를 심사할 때 일반적으로 고려되는 요소이다.

보호법익 자체의 가치를 기준을 할 때, '국가의 존립 · 안전'과 관계되는 '국가안보'는 가장 중요한 보호법익 중의 하나라고 할 수 있다. 한편, 국가안보보호 활동과 이른바 수사기관의 범죄수사 활동을 비교할 때 전자는 국가안보를 보호하기 위한 활동이라는 점에서 후자에 비해 보다 더 중요성을 가진다고 할 수 있다.

나. 안보정보기관의 임무 · 역할과 수사기관의 임무 · 역할의 구분

'범죄수사'란 '보호법익에 대한 침해 또는 위태화 행위에 해당하는 범죄'가 발생한 후에 범죄자를 형사재판에 회부하기 위해 필요한 정보를 수집하는 활동이라고 할 수 있다. 수사기관의 '수사활동'은 범죄가 발생한 후에 개입하는 활동이다. 반면에 '국가안보'의 경우, 국가안보가 침해된 후에 개입하는 것은 국가안보를 보호하는 것이라고 할 수 없다. 따라서 국가안보보호를 위해서는 국가안보가 위태화될 수 있는 상황이라면 '국가안보가 침해되기 전에 또는 국가안보가 보다 더 위태화되기 전에' 개입하여 국가안보를 보호할 필요가 있고, 안보정보기관의 '국가안보보호를 위한 정보 수집·분석 활동'은 그러한 단계에서 인정되는 권한이다. 즉, 안보정보기관의 국가안보 목적의 정보 수집·분석 권한은 국가안보라는 보호법익이 침해되기 이전 단계에서 인정되는 권한이다. 따라서 안보정보기관의 정보 수집·분석 활동은 일반적으로 위험예방활동으로 이해되고, 이러한 점에서 수사기관의 범죄수사활동과는 그 성격을 달리한다.

안보정보기관의 정보 수집·분석활동이 위험예방단계에서 인정되는 활동이라는 점과 관련하여서도 '순전한 예방목적의 정보 수집·분석 활동'과 '국가안보위해 사안에서의 정보 수집·분석 활동'은 상호 구분되어야 한다. 전자는 국가안보에 대한 위험 징후가 없는 경우일지라도 국가안보보호를 위해 정보를 수집·분석하는 활동이라면, 후자는 '국가안보에 대한 위험징후가 있는 경우 또는 국가안보가 위태화될 수 있는 상황에서 국가안보보호를 위해 정보를 수집·분석하는 활동'이고, 전자에 비해 후자의 경우 보다 더 강력한 정보 수집·분석 권한(또는 조치)이 인정될 수 있음은 당연하다고 할 수 있다.

3 수집대상 통신정보의 유형

'안보정보기관의 국가안보를 위한 전기통신 대상 정보수집 조치·권한이 헌법적 한도 내에서 인정될 수 있는 합당한 조치·권한인가'를 판단함에 있어서는 그러한 조치·권한에 의해 수집되는 정보가 어떠한 통신정보인지를 고려한다. 이와 관련하여 전기통신(전기를 이용한 원거리 의사소통) 정보를 크게 '내용(content data) 정보'와 '비내용(non-content data) 정보'로 나누어 통신대상 정보수집 조치의 허용 정도·범위를 규율하는 것이 일반적이다. '내용 정보'란 전기통신을 통해서 이루어지는 원거리 의사소통의 '내용 자체'를 말한다. 반면에 '비내용 정보'란 원거리 통신/의사소통의 '내용'이 아니라 원거리 통신 또는 의사소통의 일시, 의사소통의 당사자 신원 등에 관한 정보(또는 데이터)를 말하는 것이다.

내용정보와 비내용정보로 구분하는 이유는 전자를 통신 당사자 몰래 취득하는 행위가 후자를 통신 당사자 몰래 취득하는 행위에 비해 당연히 보다 더 강한 기본권제한 조치이기 때문이다. 모든 나라가 통신정보를 내용정보와 비내용정보로 구분하여 통신대상 정보수집 조치의 허용 정도·범위를 규율하고 있고, 그러한 구분은 수사목적의 조치인지, 아니면 안보목적의 조치인지를 불문하고 적용되고 있다.

4 통신정보수집조치의 유형 및 통신정보수집조치의 기본권제한 강도

국가기관의 통신대상 정보수집 조치가 헌법적 한도 내에서 인정되는 정보수집 조치인지를 판단함에 있어서는 일반적으로, '그 조치에 의해 초래되는 기본권제한의 강도가 얼마나 큰지(얼마나 강한지)'가 중요한 판단기준으로 작용한다. 통신정보를 내용정보와 비내용정보로 나누는 것도 이러한 관점에 따른 것이다. 이 관점 외에 통신정보수집조치에 의해 초래되는 기본권제한의 강도가 얼마나 큰지를 판단함에 있어서는 그 정보수집 조치 자체가 얼마나 강한 기본권제한 속성을 가지는지가 고려된다. 따라서 통신대상 정보수집 조치는 그 조치가 가지는 기본권제한의 강도를 기준으로 크게 다음과 같이 분류된다.

표 통신비밀제한조치의 유형

<table>
<tr><th>목적</th><th colspan="2">유형</th><th colspan="2">개념 정의 및 특징</th><th>기본권제한의 강도</th></tr>
<tr><td rowspan="3">통신내용 취득</td><td rowspan="2">온라인 수색</td><td>(큰) 온라인 수색</td><td rowspan="2">기술적 수단을 투입하여(대표적으로 '해킹'을 통해)</td><td>대상 정보처리장치에 저장된 모든 통신내용정보를 취득하는 것</td><td></td></tr>
<tr><td>암호통신감청
('작은 온라인수색')</td><td>실시간 진행 중인 통신의 내용을 취득하거나, 진행 중인 통신 + 저장된 그러한 통신의 내용을 취득하는 것</td><td></td></tr>
<tr><td colspan="2">일반 통신(비밀)제한조치</td><td colspan="2">실시간 진행 중인 원거리통신의 내용을 당사자 몰래 취득하는 것</td><td></td></tr>
</table>

비내용 정보 취득	통신사실확인자료 취득	전기통신의 일시 등에 대한 정보를 취득	
	가입자 정보 등 취득	전기통신서비스 가입자 정보 등을 취득	

출처: 이 책의 저자에 의한 작성

통신내용의 취득을 목적으로 하든, 비내용정보의 취득을 목적으로 하든, (가장 넓은 의미에서의[16]) 통신(비밀)제한조치[17]는 모두 그 조치를 행할 당시에는 당사자 모르게 한다는 점을 특징으로 한다. 비내용정보를 취득하는 통신비밀제한조치 중 단순히 가입자정보를 취득하는 행위보다는 통신사실 일시, 시간 등에 관한 정보를 취득하는 행위가 당연히 기본권제한 강도가 크다.

통신내용을 취득하는 통신비밀제한조치는 크게 '일반 통신비밀제한조치'와 '온라인 수색'으로 나뉜다. 전자는 기술적 수단을 투입하지는 않으면서, 당사자 모르게 진행 중인 통신의 내용을 취득하는 행위이다. 반면에 후자는 그 조치에 대한 허가를 받지 않았다면 범죄행위에 해당하는 **기술적 수단·방법을 투입하여**, 예컨대 해킹과 같은 기술적 수단·방법을 투입하여 당사자 모르게 정보처리장치에 접속하여 당사자 모르게 그 정보처리장치에 **저장된 통신내용을 취득**하는 행위를 통칭한다. 국가에 따라서는 온라인 수색을 다시 1) (본래 의미에서의) 온라인 수색과 2) 이른바 '암호통신감청'('작은 온라인 수색')으로 나누는 국가도 있다. 양자 모두 기술적 수단을 투입하여 정보처리장치에 접속한다는 점은 공통적이다.[18] 다만 전자는 대상 정보처리장치에 저장된 일정 통신내용을 모두 취득하는 조치이므로 통신비밀의 자유뿐만 아니라, 이른바 IT 기본권까지 제한하는 조치이다.[19] 반면에 후자는 감청

16) '통신비밀제한조치'라는 용어의 의미는 그 용어의 의미를 어떻게 정의하는가에 따라 달라질 수 있는데, 여기서 '(가장 넓은 의미에서의, 또는 최광의의) 통신비밀제한조치'란 '통신의 자유·비밀을 제한하는 성격을 가지는 통신 대상 모든 정보수집조치'라는 의미로 사용되었다.

17) 엄밀히 말하면, 전기통신을 감청하는 것은 '통신의 자유·비밀을 제한하는 조치'이지, 통신을 제한하는 조치가 아니므로 '통신제한조치'라는 용어 사용은 적절하지 않다고 할 수 있다. 그러나 우리 통비법은 '통신제한조치'라고 하고 있다. 이에 대해서는 다시 후술한다.

18) MüKoStPO/Rückert StPO § 100a Rn. 221-223.

19) MüKoStPO/Rückert StPO § 100a Rn. 221-223; Gribl, VerfG zu Quellen-TKÜ und Online-Durchsuchung - Trojaner II, NJW-Spezial 2025, S. 568.

이 허가된 특정 통신을 대상으로 하여서만 그 통신이 진행 중에 또는 그 통신내용이 발송 전에 저장된 때에 또는 수신 후 저장된 때에 취득하는 조치이고, 그 조치를 통해 취득이 허가된 그 통신에 한해서만 저장된 것일지라도 통신내용을 취득할 수 있다는 점에서 전자에 비해 기본권제한 강도가 약할 뿐만 아니라, 그러한 조치에 의해서는 통신비밀의 자유만이 제한되는 것으로 이해되고 있다.[20] 이러한 이유로 후자를 '작은 온라인 수색'이라고 지칭하기도 한다. '(본래 의미에서의) 온라인 수색'(또는 이른바 '큰 온라인 수색')이든, 암호통신감청(이른바 '작은 온라인 수색')이든 기술적 수단을 투입하여 저장된 통신내용을 취득한다는 점에서는 공통적이고, 양자 모두 암호화되어 전송되는 통신 특히, 이른바 '종단간 암호화 기법'을[21] 통해 전송되는 통신의 내용을 취득하기 위한 전형적 수단으로 이용되는 점은 동일하다. 다만, 전자와 후자를 구별하지 않고, '온라인 수색'으로 하여 규율하는 나라가(영국이 그러함) 있는가 하면, 전자와 후자를 구별하여 규율하는 나라(독일이 그러함)가 있는데[22] 양자를 구별하여 규율하는 나라는 전자에 비해 후자는 기본권제한강도가 약하다는 점을 고려하고 있기 때문이다.[23]

위와 같이 통신 대상 정보수집 조치는 그 정보수집조치의 유형에 따라 기본권제한 강도가 다르기에 어떠한 통신대상 정보수집 조치가 어느 정도로 인정될 수 있는지를 판단함에 있어서는 일반적으로 그 정보수집조치가 어떠한 기본권을 얼마나 강하게 제한하는 조치인지를 고려하여야 하고, 대부분의 나라가 이를 고려하여 통신대상 정보수집조치를 인정하고 있다.

20) Gribl, VerfG zu Quellen-TKÜ und Online-Durchsuchung - Trojaner II, NJW-Spezial 2025, S. 568.

21) '종단간 암호화'란 통신이 발송된 후부터 수신자의 정보처리장치에 수신되어 저장되기 전까지는 계속해서 암호화되어 전송되는 암호화기법을 말한다.

22) 이에 대해서는 제3장에서 자세히 살펴본다.

23) MüKoStPO/Rückert StPO § 100a Rn. 221-223.

제2장

통신비밀제한조치 – 휴대폰에 대한 통신비밀제한조치 포함

제1절 | 통비법상 '통신제한조치'의 용어정의 문제 및 부족한 수색 · 압수권한 규율

1 현행법상 국가정보원의 정보수집 권한 · 방법 규율 체계 개관

국가정보원은 국가안보 위해 사안 · 활동에 관한 정보를 수집 · 분석하고 국가안보가 위태롭게 되는 것을 방지하기 위하여 수집 · 분석한 정보를 유관기관과 공유하고 협력하는 기관이다. 그런데 국가정보원법은 국가정보원의 직무범위, 조직 등에 대한 사항을 주로 규율하고 있는 법률이지, 국정원의 이러한 임무 · 역할 수행을 위해 필요한, 국정원의 정보수집 권한 · 방법에 대해 자세히 규율하고 있는 법률은 아니다. 이는 국정원의 대공수사권을 폐지하고 국정원을 정보기관으로 변경하는 것으로 2020년 12월 15일에 국가정보원법이 전부개정되기 전에도 그러하였다.

2020년 12월에 국가정보원법이 전부개정되기 전의 구 국가정보원법은 다음과 같이 국가정보원의 정보수집 권한 · 방법에 대해 규정하고 있었다.

■ **구 국가정보원법(2020.12.25.에 개정되기 전)**

제3조(직무) ① 국정원은 다음 각 호의 직무를 수행한다.

1. 국외 정보 및 국내 보안정보[대공(對共), 대정부전복(對政府顚覆), 방첩(防諜), 대테러 및

국제범죄조직]의 수집 · 작성 및 배포
2. 국가 기밀에 속하는 문서 · 자재 · 시설 및 지역에 대한 보안 업무. 다만, 각급 기관에 대한 보안감사는 제외한다.
3. 「형법」 중 내란(內亂)의 죄, 외환(外患)의 죄, 「군형법」 중 반란의 죄, 암호 부정사용의 죄, 「군사기밀 보호법」에 규정된 죄, 「국가보안법」에 규정된 죄에 대한 수사
4. 국정원 직원의 직무와 관련된 범죄에 대한 수사
5. 정보 및 보안 업무의 기획 · 조정

② 제1항제1호 및 제2호의 직무 수행을 위하여 필요한 사항과 같은 항 제5호에 따른 기획 · 조정의 범위와 대상 기관 및 절차 등에 관한 사항은 대통령령으로 정한다.

제11조(직권 남용의 금지) ① 원장 · 차장과 그 밖의 직원은 그 직권을 남용하여 법률에 따른 절차를 거치지 아니하고 사람을 체포 또는 감금하거나 다른 기관 · 단체 또는 사람으로 하여금 의무 없는 일을 하게 하거나 사람의 권리 행사를 방해하여서는 아니 된다.

② 국정원 직원으로서 제16조에 따라 사법경찰관리(군사법경찰관리를 포함한다)의 직무를 수행하는 사람은 그 직무를 수행할 때에 다음 각 호의 규정을 포함하여 범죄수사에 관한 적법절차를 준수하여야 한다.
1. 「형사소송법」 제34조[피고인 · 피의자와의 접견 · 교통 · 수진(受診)]와 같은 법 제209조에 따라 수사에 준용되는 같은 법 제87조(구속의 통지), 제89조(구속된 피고인과의 접견 · 수진), 제90조(변호인의 의뢰)
2. 「군사법원법」 제63조(피고인 · 피의자와의 접견 등)와 같은 법 제232조의6에 따라 수사에 준용되는 같은 법 제127조(구속의 통지), 제129조(구속된 피고인과의 접견 등) 및 제130조(변호인의 의뢰)

제15조(국가기관 등에 대한 협조 요청) 원장은 이 법에서 정하는 직무를 수행할 때 필요한 협조와 지원을 관계 국가기관 및 공공단체의 장에게 요청할 수 있다.

제16조(사법경찰권) 국정원 직원으로서 원장이 지명하는 사람은 제3조제1항제3호 및 제4호에 규정된 죄에 관하여 「사법경찰관리의 직무를 수행할 자와 그 직무범위에 관한 법률」 및 「군사법원법」의 규정에 따라 사법경찰관리와 군사법경찰관리의 직무를 수행한다.

위에서 보는 바와 같이 구 국가정보원법은 국정원 직원 중 대공수사권을 행사하는 특별사법경찰관리는 「사법경찰관리의 직무를 수행할 자와 그 직무범위에 관한

법률」에 의해 구 국정원법 제3조제3호 및 제4호에서 정하고 있는 범죄와 관련하여 수사 직무를 행한다고 함으로써 특별사법경찰관리에 해당하는 국정원 직원은 형사소송법에 따른 수사권한을 행사한다는 점을 간략히 규정하고 있었을 뿐이다. 즉, 특별사법경찰관리에 해당하는 국정원 직원의 '범죄수사 목적의 정보수집 권한·방법'에 대해서만 형소법을 따른다고 간략히 규정하고 있었지, '국가안보 목적의 정보수집 권한·방법'에 대해서는 규율하지 않고 있었다.

한편, 우리나라는 '범죄수사 목적'의 통신제한조치 및 통신사실확인자료제공과 '국가안보목적'의 통신제한조치 및 통신사실확인자료제공을 통비법에서 함께 규율하고 있는데(다만 그 요건·절차 등은 다르다), 구법하에서 국정원의 '국가안보 목적의 정보수집 권한·방법'에 대해서는 국가정보원법에서는 규율하지 않고, 통신비밀보호법 등을 통해서만 규율하였다.

2020년 12월 15일에 전부개정된 현행 국가정보원법은 국가정보원의 '국가안보 목적'의 정보수집 권한·방법에 대해서는 아래와 같은 규정을 두고 있다.

제4조(직무) ① 국정원은 다음 각 호의 직무를 수행한다.

1. 다음 각 목에 해당하는 정보의 수집·작성·배포
   가. 국외 및 북한에 관한 정보
   나. 방첩(산업경제정보 유출, 해외연계 경제질서 교란 및 방위산업침해에 대한 방첩을 포함한다), 대테러, 국제범죄조직에 관한 정보
   다. 「형법」 중 내란의 죄, 외환의 죄, 「군형법」 중 반란의 죄, 암호 부정사용의 죄, 「군사기밀 보호법」에 규정된 죄에 관한 정보
   라. 「국가보안법」에 규정된 죄와 관련되고 반국가단체와 연계되거나 연계가 의심되는 안보침해행위에 관한 정보
   마. 국제 및 국가배후 해킹조직 등 사이버안보 및 위성자산 등 안보 관련 우주 정보
2. 국가 기밀(국가의 안전에 대한 중대한 불이익을 피하기 위하여 한정된 인원만이 알 수 있도록 허용되고 다른 국가 또는 집단에 대하여 비밀로 할 사실·물건 또는 지식으로서 국가 기밀로 분류된 사항만을 말한다. 이하 같다)에 속하는 문서·자재·시설·지역 및 국가안전보장에 한정된 국가 기밀을 취급하는 인원에 대한 보안 업무. 다만, 각급 기관에 대한 보안감사는 제외한다.

---

3. 제1호 및 제2호의 직무수행에 관련된 조치로서 국가안보와 국익에 반하는 북한, 외국 및 외국인 · 외국단체 · 초국가행위자 또는 이와 연계된 내국인의 활동을 확인 · 견제 · 차단하고, 국민의 안전을 보호하기 위하여 취하는 대응조치
4. 다음 각 목의 기관 대상 사이버공격 및 위협에 대한 예방 및 대응
   가. 중앙행정기관(대통령 소속기관과 국무총리 소속기관을 포함한다) 및 그 소속기관과 국가인권위원회, 고위공직자범죄수사처 및 「행정기관 소속 위원회의 설치 · 운영에 관한 법률」에 따른 위원회
   나. 지방자치단체와 그 소속기관
   다. 그 밖에 대통령령으로 정하는 공공기관
5. 정보 및 보안 업무의 기획 · 조정
6. 그 밖에 다른 법률에 따라 국정원의 직무로 규정된 사항

② 원장은 제1항의 직무와 관련하여 직무수행의 원칙 · 범위 · 절차 등이 규정된 정보활동기본지침을 정하여 국회 정보위원회에 이를 보고하여야 한다. 정보활동기본지침을 개정한 때에도 또한 같다.

③ 국회 정보위원회는 정보활동기본지침에 위법하거나 부당한 사항이 있다고 인정되면 재적위원 3분의 2 이상의 찬성으로 시정이나 보완을 요구할 수 있으며, 원장은 특별한 사유가 없으면 그 요구에 따라야 한다.

④ 제1항제1호부터 제4호까지의 직무 수행을 위하여 필요한 사항과 같은 항 제5호에 따른 기획 · 조정의 범위와 대상 기관 및 절차 등에 관한 사항은 대통령령으로 정한다.

제5조(국가기관 등에 대한 협조 요청 등) ① 원장은 직무 수행과 관련하여 필요한 경우 국가기관이나 그 밖의 관계 기관 또는 단체(이하 "국가기관 등"이라 한다)에 대하여 사실의 조회 · 확인, 자료의 제출 등 필요한 협조 또는 지원을 요청할 수 있다. 이 경우 요청을 받은 국가기관 등의 장은 정당한 사유가 없으면 그 요청에 따라야 한다.

② 직원은 제4조제1항제1호나목부터 마목까지 및 같은 조 같은 항 제2호의 직무수행을 위하여 필요한 경우 현장조사 · 문서열람 · 시료채취 · 자료제출 요구 및 진술요청 등의 방식으로 조사할 수 있다.

③ 국정원은 제4조제1항제1호나목부터 라목까지에 관한 직무수행과 관련하여 각급 수사기관과 정보 공조체계를 구축하고, 국정원과 각급 수사기관은 상호 협력하여야 한다.

④ 직원은 정보수집을 위하여 필요한 최소한의 범위 안에서 조사를 행하여야 하며, 다른 목적을 위하여 조사 권한을 남용하여서는 아니된다.

[시행일:2024. 1. 1.] 제5조제2항(제4조제1항제1호다목 및 라목과 관련된 조사에 한정한다)

제14조(불법 감청 및 불법위치추적 등의 금지) 원장 · 차장 · 기획조정실장 및 그 밖의 직원은 「통신비밀보호법」, 「위치정보의 보호 및 이용 등에 관한 법률」, 「형사소송법」 또는 「군사법원법」 등에서 정한 적법절차에 따르지 아니하고는 우편물의 검열, 전기통신의 감청 또는 공개되지 아니한 타인간의 대화를 녹음 · 청취하거나 위치정보 또는 통신사실확인자료를 수집하여서는 아니 된다.

2 안보정보기관의 수색 · 압수권한 근거규정 부재의 문제점

가. 국가정보원법 및 하위규범

1) 현장조사 · 문서열람 · 시료채취 요구권

국가정보원법 제5조제2항에 의하면, 국가정보원 직원은 "법 제4조제1항제1호나목부터 마목까지 및 같은 조 같은 항 제2호의 직무수행을 위하여 필요한 경우 현장조사 · 문서열람 · 시료채취 **요구**"의 방식으로 조사할 수 있다. 수사기관은 수사목적으로 현장조사, 문서열람, 시료채취 등의 행위를 하고자 하는 경우 상대방이 이에 응하지 않으면 압수 · 수색 또는 검증 영장을 발부받아 강제로 그러한 행위를 할 수 있다. 그러나 국가정보원법은 대공수사권이 인정되던 구법하에서도 '안보목적의 압수 · 수색' 권한에 대한 명문규정을 두지 않았었고, 단지 대공수사권을 가진 특별사법경찰관리로서의 국정원 직원에 한해, 형사소송법에 따라 대공수사권을 행사한다고 함으로써 형사소송법에 따라 압수 · 수색 · 검증 권한을 가진다는 것을 규정하고 있었을 뿐이다. 현행 국가정보원법은 제5조제2항에서 '현장조사 · 문서열람 · 시료채취 **요구**'권에 대한 규정을 두고 있지만, 이는 강제적인 압수 · 수색권한이 아니라, 요구권이고, 상대방이 그에 응하지 않는다면 강제로 현장조사, 문서열람 또는 시료채취를 할 수 있는 권한이 아니다. 게다가 이러한 요구권에 대해 상대방이 정당한 이유 없이 응하지 않는 경우일지라도 그에 대한 제재규정이 없기에 상대방은 아무런 제재를 받지 않는다.

2) 자료제출 요구권

국가정보원법 제5조제1항은 "원장은 직무 수행과 관련하여 필요한 경우 국가기관이나 그 밖의 관계 기관 또는 단체(이하 "국가기관 등"이라 한다)에 대하여 사실의 조회 · 확인, 자료의 제출 등 필요한 협조 또는 지원을 요청할 수 있다. 이 경우 요청을 받은 국가기관 등의 장은 정당한 사유가 없으면 그 요청에 따라야 한다."고 하여 '국가기관 등'에 대한 자료제출 요청권을 규정하고 있고, 제5조제2항은 "직원은 제4조제1항제1호나목부터 마목까지 및 같은 조 같은 항 제2호의 직무수행을 위하여 필요한 경우 …자료제출 요구 … 방식으로 조사할 수 있다."고 하여 '국가기관 등' 아닌 자에 대한 자료제출 요구권을 규정하고 있다. 그러나 이러한 자료제출 요청권/요구권은 상대방에 대한 요청권/요구권이기에 영장을 발부받아 상대방의 의사에 상관없이 강제로 행하는 압수 · 수색 권한이 아닐 뿐만 아니라, 국가정보원법은 '국가기관 등' 또는 '상대방'이 정당한 이유 없이 이에 응하지 않더라도 그에 대한 제재규정을 두지 않고 있다. 국가정보원법 제5조제1항은 '국가기관 등'의 경우 '정당한 사유 없으면 제출요청에 따라야 한다'고 선언하고 있을 뿐이다.

자료제출 요청/요구권이 임의조사 방법에 불과하다는 점은 사이버안보업무 규정 제5조의2(사이버안보정보의 임의제출)를 통해서도 확인된다. 2024.3.5.에 신설된 동 규정은 "국가정보원장이 법 제5조제2항에 따라 사이버안보 관련 정보의 수집을 위해 필요한 조사를 실시하는 경우, 사이버안보 관련 정보가 수록 · 기재된 디지털 자료 등의 소유자 · 소지자 또는 보관자는 조사에 응하여 <u>그 디지털자료 등을 임의로 국가정보원장에게 제출할 수 있다</u>. 다만, 그 디지털자료 등이 「통신비밀보호법」 제2조제11호에 따른 통신사실확인자료에 해당하는 경우에는 같은 <u>법 제2조제4호에 따른 당사자의 동의</u>를 받아야 한다."고 하고 있다. 국정원은 사이버안보 관련 정보가 수록 · 기재된 디지털자료 등의 소유자 · 소지자 또는 보관자가 임의로 제출하는 경우에 한해서만 그러한 디지털자료를 제출받을 수 있다. 게다가 그 정보가 통신사실확인자료에 해당하는 경우에는 그 디지털자료의 소유자, 소지자 또는 보관자의 동의 외에도 그 통신의 송신인과 수신인의 동의까지 받아야 한다.

나. 통비법상의 '국가안보목적'의 통신제한조치 인정 범위

1) '통신감청', '통신제한조치'의 정의

통비법 제2조에 의하면, '통신'이란 '우편물 및 전기통신'을 말하고, **'전기통신'**이란 '전화·전자우편·회원제정보서비스·모사전송·무선호출 등과 같이 유선·무선·광선 및 기타의 전자적 방식에 의하여 모든 종류의 음향·문언·부호 또는 영상을 **송신하거나 수신하는 것**'을 뜻한다. 그리고 현행 통비법은 **'감청'**을 '**전기통신에 대하여** 당사자의 동의없이 전자장치·기계장치등을 사용하여 통신의 음향·문언·부호·영상을 청취·공독하여 그 내용을 지득 또는 채록하거나 전기통신의 송·수신을 방해하는 것'으로 정의하고 있다.[24]

현행 통비법은 '전기통신'을 '~ 송신하거나 수신하는 것'으로 정의하고, '**전기통신에 대하여** 통신의 "내용"을 몰래 지득·취득하는 행위'를 '감청'으로 정의하면서 '통신제한조치'에 대해서는 따로 정의규정을 두지 않고 있다. 판례는 우리 통비법이 '전기통신'을 '~ 송신하거나 수신하는 것'으로 정의하고 있다는 점을 근거로 통비법상의 '전기통신의 감청'이란 '**전기통신이 이루어지고 있는 상황에서 실시간으로** 그 전기통신의 내용을 지득·채록하는 경우와 통신의 송·수신을 직접적으로 방해하는 경우를 의미하는 것이지 이미 수신이 완료된 전기통신에 관하여 남아 있는 기록이나 내용을 열어보는 등의 행위는 포함하지 않는다'고 해석하면서, 통신의 실시간 감청이 아니라, '송신 전 또는 수신이 완료된 전기통신의 내용을 취득하는 것'은 '전기통신제한조치'가 아니라, '압수·수색'에 의하여야 한다는 입장을 취하고 있다.[25] 그리고 현행 통비법 제9조의3은[26] 명문규정으로 '송·수신이 완료된 전기

---

24) 통비법상의 통신"감청"은 전기통신을 통해 이루어지는 대화를 몰래 엿듣는 것("감청")만을 의미하는 것이 아니라, 부호를 통해 이루어지는 전기통신에서 그 통신의 내용을 지득하는 것까지 포함하기에 '감청'이라는 용어를 사용하는 것은 적절하지 않다고 할 수 있다. 그럼에도 불구하고, 우리 통비법은 전기통신을 통해 이루어지는 대화 내용을 엿듣는다는 구시대적 사고에서 벗어나지 못한 채, '감청'이라는 용어를 사용하여 '통신의 내용을 지득하는 행위'로 정의하고 있다.

25) 대법원 2012. 10. 25. 선고 2012도4644 판결("통신비밀보호법 제2조 제3호 및 제7호에 의하면 같은 법상 '감청'은 전자적 방식에 의하여 모든 종류의 음향·문언·부호 또는 영상을 송신하거나 수신하는 전기통신에 대하여 당사자의 동의 없이 전자장치·기계장치 등을 사용하

통신'은 압수·수색·검증의 대상임을 밝히고 있다.

2) 판례에 의한 '통신제한조치'의 의미 해석의 문제점

우리 통비법은 '통신감청'에 대해서는 정의규정을 두고 있지만, '통신제한조치'에 대해서는 정의규정을 두지 않고 있다. 그럼에도 불구하고 판례는 '통신제한조치'란 '통신감청'과 같은 의미라는 전제에서, 통비법상의 통신감청 정의 규정에 의하면 실시간 진행 중인 통신을 감청하는 것만이 '통비법상의 통신감청'에 해당하므로 '통신제한조치'도 '실시간 진행 중인 통신을 대상으로 하는 경우'에만 통비법상의 통신제한조치에 해당한다고 해석하고 있다. 이러한 판례 해석은 '통신감청'의 경우

여 통신의 음향·문언·부호·영상을 청취·공독하여 그 내용을 지득 또는 채록하거나 전기통신의 송·수신을 방해하는 것을 말한다. 그런데 해당 규정의 문언이 송신하거나 수신하는 전기통신 행위를 감청의 대상으로 규정하고 있을 뿐 송·수신이 완료되어 보관 중인 전기통신 내용은 대상으로 규정하지 않은 점, 일반적으로 감청은 다른 사람의 대화나 통신 내용을 몰래 엿듣는 행위를 의미하는 점 등을 고려하여 보면, 통신비밀보호법상 '감청'이란 대상이 되는 전기통신의 송·수신과 동시에 이루어지는 경우만을 의미하고, 이미 수신이 완료된 전기통신의 내용을 지득하는 등의 행위는 포함되지 않는다."); 대법원 2016. 10. 13. 선고 2016도8137 판결(수신완료된 이메일을 전기통신제한조치허가서를 발부받아 취득한 사안에서 위법하다고 한 사례) 참조.

26) **제9조의3(압수·수색·검증의 집행에 관한 통지)** ① 검사는 **송·수신이 완료된 전기통신에 대하여 압수·수색·검증을 집행한 경우** 그 사건에 관하여 공소를 제기하거나 공소의 제기 또는 입건을 하지 아니하는 처분(기소중지결정, 참고인중지결정을 제외한다)을 한 때에는 그 처분을 한 날부터 30일 이내에 수사대상이 된 가입자에게 압수·수색·검증을 집행한 사실을 서면으로 통지하여야 한다. 다만, 수사처검사는 「고위공직자범죄수사처 설치 및 운영에 관한 법률」 제26조제1항에 따라 서울중앙지방검찰청 소속 검사에게 관계 서류와 증거물을 송부한 사건에 관하여 이를 처리하는 검사로부터 공소를 제기하거나 제기하지 아니하는 처분(기소중지결정, 참고인중지결정은 제외한다)의 통보를 받은 경우에도 그 통보를 받은 날부터 30일 이내에 서면으로 통지하여야 한다. <개정 2021. 1. 5.>

② 사법경찰관은 **송·수신이 완료된 전기통신에 대하여 압수·수색·검증을 집행한 경우** 그 사건에 관하여 검사로부터 공소를 제기하거나 제기하지 아니하는 처분(기소중지 또는 참고인중지 결정은 제외한다)의 통보를 받거나 검찰송치를 하지 아니하는 처분(수사중지 결정은 제외한다) 또는 내사사건에 관하여 입건하지 아니하는 처분을 한 때에는 그 날부터 30일 이내에 수사대상이 된 가입자에게 압수·수색·검증을 집행한 사실을 서면으로 통지하여야 한다. <개정 2021. 3. 16.>

[본조신설 2009. 5. 28.]

"감청(監聽)"이라는 용어가 가질 수 있는 의미한계상 실시간 통신을 대상으로 하여 그 내용을 취득하는 행위로 한정될 수 있겠지만, '통신제한조치'의 경우에는 통비법에 정의 규정이 없음에도 불구하고 '실시간 통신을 대상으로 이루어지는 경우'만을 통신제한조치로 볼 수 있는가라는 의문점이 제기되도록 한다. 현행법규정의 문언을 기준으로 한다면 통신제한조치도 '전기통신'을 대상으로 한다는 점에서 판례와 같이 '통신제한조치'란 '실시간 통신을 대상으로 하는 경우'만을 의미한다고 해석하는 것이 부적절한 해석이라고 할 수는 없다. 그러나 통신제한조치가 '실시간 진행 중인 통신'을 대상으로 하는 경우로 한정됨으로써 안보정보기관의 통신대상정보수집권한은 상당히 제한적으로만 인정되는 결과를 초래한다.

수사기관의 경우 압수·수색 권한이 인정되기에 송신 전에 또는 수신 후에 저장된 통신내용에 대해 통비법의 통신제한조치가 아니라, 형사소송법에 따른 압수·수색권한을 이용하여 압수·수색영장을 발부받아 저장된 통신내용을 압수할 수 있다. 그러나 국정원은 현행법상 압수·수색 권한을 인정하는 명문규정이 없기에 저장된 통신 내용을 강제로 획득할 수 있는 방법이 없다.

3 해외 입법례

가. 영국 IPA상 통신내용 "intercept"의 정의

IPA는 제4조, 제261조 내지 제265조 등에서 동 법률에서 사용되고 있는 기본적인 용어들을 정의하고 있다. 먼저, 대부분의 나라에서 그러하듯, IPA도 '의사소통·통신'을 '내용 정보(content)', '내용 아닌 정보'로 대별하여 규율하고 있다. 제261조 제(6)항에 의하면, "내용(content)이란 의사소통의 요소 또는 의사소통에 따르거나 논리적으로 연결된 데이터로서 합리적으로 볼 때 의사소통의 내용으로 여겨질 수 있는 어떤 것을 드러내는 것을 의미하고, 의사소통의 사실 또는 의사소통의 전송과 관련된 데이터로부터 연유하는 어떤 의미는 내용에 포함되지 않고, 시스템 데이터는 내용이 아니다." 즉, IPA는 '의사소통(communication)'을 '내용(content)'과 의사소통내용에 해당하지 않는, '시스템 데이터(system data)'로[27] 대별하고 있다.[28]

IPA 제261조제2항은 'communication'(의사소통 또는 통신)'과 'telecommunication'(원거리의사소통 또는 전기통신)을 정의하고 있는데, '의사소통·통신(communication)'은, 원거리의사소통서비스 운영자(telecommunication operator), 원거리통신 서비스 또는 원거리통신 시스템과 관련하여서는, 말, 음악, 소리, 시각 이미지 또는 묘사적 데이터 그리고 사람 간의, 사람과 물건 간의 또는 물건 간의 의사소통 공정성(impartation)에 기여하거나 의사소통기계의 작동 또는 컨트롤에 기여하는 신호를 포함한다("Communication", in relation to a telecommunications operator, telecommunications service or telecommunication system, includes— (a)anything comprising speech, music, sounds, visual images or data of any description, and (b)signals serving either for the impartation of anything between persons, between a person and a thing or between things or for the actuation or control of any apparatus.)'고 하고 있다.

IPA 제4조는 '원거리통신시스템 관련 가로채기(interception in relation to telecommunication system)'와 '우편서비스 관련 가로채기(interception in relation to postal service)'에 대해 정의하고 있는데, 제4조 제(1)항은 원거리통신 관련 "가로채기"를 다음과 같이 정의하고 있다.

---

4. Definition of "interception" etc.

Interception in relation to telecommunication systems

(1) For the purposes of this Act, a person intercepts a communication in the course of its transmission by means of a telecommunication system if, and only if—

(a) the person does a relevant act in relation to the system, and

(b) the effect of the relevant act is to make any content of the communication

---

27) 제263조제1항에 의하면, "데이터(data)는 전자적 데이터(electronic data) 아닌 데이터와 모든 정보(전자적인지 아닌지를 불문하고) 모든 데이터(any data)를 포함한다." 즉, IPA는 '데이터'를 '정보'와 같은 의미로 사용하고 있다.

28) 「'의사소통 가로채기' 실무지침(Interception of Communications - Code of Practice)」, Dec. 2022, 2.11 참조.

available, at a relevant time, to a person who is not the sender or intended recipient of the communication.

For the meaning of "content" in relation to a communication, see section 261(6).

(2) In this section "relevant act", in relation to a telecommunication system, means —

(a) modifying, or interfering with, the system or its operation;

(b) monitoring transmissions made by means of the system;

(c) monitoring transmissions made by wireless telegraphy to or from apparatus that is part of the system.

(3) For the purposes of this section references to modifying a telecommunication system include references to attaching any apparatus to, or otherwise modifying or interfering with—

(a) any part of the system, or

(b) any wireless telegraphy apparatus used for making transmissions to or from apparatus that is part of the system.

(4) In this section "relevant time", in relation to a communication transmitted by means of a telecommunication system, means—

(a) any time while the communication is being transmitted, and

(b) any time when the communication is stored in or by the system (whether before or after its transmission).

제4조제(1)항에 의하면, 송신인 또는 수신인으로 의도된 자가 아닌 자에게 의사소통·통신의 내용을 취득케 하고자 하는 "관련행위"를 "관련시간(relevant time)"에 행하면 원거리통신시스템과 관련하여 "(통신내용을) 가로채기"하는 것이다. 제4조제(4)항이 "관련시간(relevant time)"을 정의하고 있는데, 제(4)항에 의하면, 통신이 전송 중인 경우뿐만 아니라, **'전송 전이었든지, 전송 후인지에 상관 없이, 원거리 의사소통·통신의 내용이 시스템에 저장된 때'** 또한 "관련시간"에 해당한다. 즉, IPA 제4조는 원거리 의사소통·통신의 전송 중에 그 내용을 취득하는 행위 또는 의사

소통·통신의 내용이 시스템에 저장된 때에(전송 전이건, 전송 후이건 불문함) 통신의 내용을 취득하는 행위'를 '통신(내용) 가로채기'로 정의하고 있다. 따라서 IPA는 명문 규정으로 의사소통 "가로채기"에 '통신시스템에 저장된 통신내용을 취득하는 것'까지 포함시키고 있다.[29)]

나. 미국 FISA상 '전자감시'의 정의

50 USC § 1801 제(f)항은[30)] '전자감시(Electronic surveillance)'를 다음과 같이 정의하고 있다.

---

29) Explanatory Notes to IPA, mn 41 참조(예로서, 아직 보내지 않은 임시저장된 이메일 내용을 취득하는 것도 "가로채기"에 해당한다고 하고 있음).

30) 원문은 다음과 같다.

(f) "Electronic surveillance" means—

(1) the acquisition by an electronic, mechanical, or other surveillance device of the contents of any wire or radio communication sent by or intended to be received by a particular, known United States person who is in the United States, if the contents are acquired by intentionally targeting that United States person, under circumstances in which a person has a reasonable expectation of privacy and a warrant would be required for law enforcement purposes;

(2) the acquisition by an electronic, mechanical, or other surveillance device of the contents of any wire communication to or from a person in the United States, without the consent of any party thereto, if such acquisition occurs in the United States, but does not include the acquisition of those communications of computer trespassers that would be permissible under section 2511(2)(i) of title 18;

(3) the intentional acquisition by an electronic, mechanical, or other surveillance device of the contents of any radio communication, under circumstances in which a person has a reasonable expectation of privacy and a warrant would be required for law enforcement purposes, and if both the sender and all intended recipients are located within the United States; or

(4) the installation or use of an electronic, mechanical, or other surveillance device in the United States for monitoring to acquire information, other than from a wire or radio communication, under circumstances in which a person has a reasonable expectation of privacy and a warrant would be required for law enforcement purposes.

(f) **"전자감시"**란 다음을 의미한다.

(1) 미국 내에 있는 특정의, 알려진 미국인에 의해 송신된 또는 그 미국인이 수신토록 의도된 유선 또는 무선통신의 내용을 전자적, 기계적 또는 기타 감시장치를 통해 획득하는 것, 누군가 사생활에 대한 합리적 기대를 할 수 있고, 법집행을 위해서는 영장이 필요한 상황에서 그 통신내용이 그 미국인을 의도적으로 목표로 함으로써 획득된 경우일 것;

(2) 미국 내의 어떤 사람에게로 또는 어떤 사람으로부터의 유선통신의 내용을 그 통신의 어떤 당사자의 동의 없이 전자적, 기계적 또는 기타 감시장치를 통해 획득하는 것, 다만 그러한 획득행위가 미국 내에서 일어난 경우에 한하고, 제18편 section 2511(2)(i)에 의해 허용되는 통신의 내용을 획득하는 것은 포함되지 않는다;

(3) 누군가 사생활에 대한 합리적 기대를 가지는 영역이고, 법집행을 위해서는 영장이 필요한 경우이며, 통신의 송신자 및 모든 의도된 수신자가 미국 내에 위치하는 경우에, 전자적, 기계적 또는 기타 감시장치를 통해 라디오 통신의 내용을 의도적으로 획득하는 것; **또는**

(4) 누군가 사생활에 대한 합리적 기대를 가지는 영역이고, 법집행을 위해서는 영장이 필요한 경우인데, **유선 또는 무선 통신 아닌 형태로 이루어지는 커뮤니케이션을 정보의 획득**을 위해 **모니터링 하기 위해서** 전자적, 기계적 또는 기타 감시장치를 설치하거나 이용하는 것.

저장된 이메일은 유선통신(wire communication)도 무선통신(radio communication)도 아니기에 50 USC § 1801(f)(4)만 적용될 수 있는데, (f)(4)에서 규정하는 바와 같이, "전자적, 기계적 또는 감시장치를 이용"하여 "모니터링"의 방법으로 저장된 이메일의 내용을 취득하였다면, 예컨대 비디오 카메라를 이용하여 저장된 이메일이 열린 컴퓨터 화면을 녹화하여 이메일의 내용을 취득한 경우에는 '전자감시'에 해당한다.[31)]

한편, 물리적 수색(예컨대 건물로의 침입)의 방법으로 저장된 이메일의 내용을 취득한 경우에는 50 U.S.C. § 1821의 '물리적 수색 · 압수'에 해당한다.[32)] 50 U.S.C. § 1821은 안보정보기관의 '물리적 수색(physical search)' 권한을 명시적으로 인정하고 있다. 그리고 50 U.S.C. § 1821(5)에 의하면, 물리적 수색(physical search)'이란 법집

31) Kris/Wilson, National Security Investigations and Prosecutions, 2025, § 7:27.

32) Kris/Wilson, National Security Investigations and Prosecutions, 2025, § 7:28.

행기관에 의해 행해진다면, 사생활에 대한 합리적 기대가 인정되기에 영장이 필요한 경우에 있어서, 50 U.S.C. 1801(f)에 의한 전자감시의 방법에 해당하지 않으면서, 정보(information)·자료 또는 재산의 압수, 재생산, 검사 또는 변경을 위해 미국 내에서 건물 또는 재산에 침입하는 것을 의미한다. 50 U.S.C. § 1821(5)에 의하면, 정보도 수색·압수의 대상으로 인정되고 있기에 '전자감시의 방법에 해당하지 않으면서, 정보(information)의 압수, 재생산, 검사 또는 변경을 위해 미국 내에서 건물 또는 재산에 침입하여 정보를 압수하는 것'은 물리적 수색·압수에 해당한다. 물리적 수색(예컨대 건물로의 침입)의 방법으로 저장된 이메일의 내용을 취득한 경우에는 물리적 수색·압수에 해당한다.[33]

4 검토 및 개선방안

현행 통비법에는 '통신제한조치'에 대한 정의규정이 없고, 판례는 통신제한조치를 '통신감청'과 같은 의미로 해석하여 '진행 중인 실시간 통신'을 대상으로 통신내용을 지득하는 행위를 통신제한조치로 해석하고 있다. 해외 입법례를 보면, 영국과 미국은 명문규정으로 '전자감시', 통신"가로채기"의 의미를 정의하고 있다. 그러면서 송신 전 또는 수신 후 저장된 통신을 '기술적 수단을 투입하여 침입하지 않으면서' 취득하는 행위도 통신"가로채기"에 포함시키고 있다.

안보정보기관의 압수·수색 권한에 관한 명문 규정이 없는 우리 현행법하에서는 안보정보기관이 **저장된 통신내용을 '기술적 수단을 투입하지 않고서' 취득하는 권한**에 대한 명시적 근거규정이 없는바, 통비법에 '통신제한조치'에 대한 정의규정을 신설하고, '통신제한조치'를 실시간 진행 중인 통신을 대상으로 하는 경우뿐만 아니라, 부수적으로 송신 전 또는 수신 후 저장된 통신을 취득하는 행위도 '통신제한조치'에 포함시켜 '통신제한조치'를 정의하는 것이 적절해 보인다.

33) Kris/Wilson, National Security Investigations and Prosecutions, 2025, § 7:28.

제2절 | 일반 통신제한조치의 허가 요건 및 절차

1 허가사유(대상 사안)

가. 우리나라

통비법 제7조에 의하면, 국가안보를 위한 통신제한조치는 "국가안전보장에 **상당한 위험이 예상되는 경우** 또는 「국민보호와 공공안전을 위한 테러방지법」 제2조 제6호의 **대테러활동에 필요한 경우에 한하여 그 위해를 방지**하기 위하여 이에 관한 정보수집이 **특히 필요한 때**"에 허가될 수 있다. 테러방지법 제2조제6호에 의하면, "대테러활동"이란 동법 제2조제1호의 테러 관련 정보의 수집, 테러위험인물의 관리, 테러에 이용될 수 있는 위험물질 등 테러수단의 안전관리, 인원 · 시설 · 장비의 보호, 국제행사의 안전확보, 테러위협에의 대응 및 무력진압 등 테러 예방과 대응에 관한 제반 활동을 말한다.

통비법 제7조는 국가안전보장에 "상당한 위험이 예상되는 경우"라고 하고 있기에 '안보목적의 (일반)통신제한조치'는 순전히 위험탐지 차원에서 인정되는 것이 아니라, 국가안보에 대한 상당한 위험이 우려되는 상황에서 그 '위해를 방지하기 위하여 특히 필요한 때'에 인정되는 조치라고 할 수 있다.

나. 해외 입법례

1) 영국

IPA 제20조 및 제138조에 의하면, 안보정보기관의 안보목적의 '통신가로채기'조치는 **"① 국가안보이익을 위해 필요한 경우, ② 중대범죄(serious crimes)의 방지 또는 발견을 위해 필요한 경우, ③ 영국의 국가안보이익에 관련되는, 영국의 경제적 안녕(economic well-being)을 위해 필요한 경우에만"** 인정된다. 제263조제(1)항에 의하면, 동 법률에서 '중대범죄'란 ① 18세 이상의 전과 없는 자가 최소 3

년 이상의 징역을 받을 수 있는 정도의 범죄행위인 경우 또는 ② 범죄행위가 상당한 경제적 수익을 결과로 가지는 폭력행위와 관련된 경우 또는 범죄행위가 공동의 목적을 추구하는 많은 사람들에 의해 이루어진 경우를 의미한다. IPA는 안보목적의 '통신내용가로채기 영장'이 허용될 수 있는 '중대범죄'의 범위를 정함에 있어서 범죄를 나열하는 방식을 취하지 않고, 일정의 '선고될 수 있는 형량'과 일정의 범행특성을 기준으로 그러한 중대범죄를 정하고 있다.[34]

IPA는 '필요성' 요건 충족 여부와 관련하여 일부 사항을 명시적으로 규정하고 있는데, 제20조 제(4)항 및 제138조 제(3)항에 의하면, 정보가 영국제도 외에 소재하는 사람의 행동 또는 의도와 관련된 정보인 경우에만 영국의 국가안보이익에 관련되는, 영국의 경제적 안녕(economic well-being)을 위해 "필요한 경우"로 인정될 수 있다. 소송절차에서 사용될 증거를 수집하기 위해 통신내용 가로채기 또는 2차적 데이터의 취득이 필요하다는 것만으로는 '필요성' 요건이 충족되지 않는다(제20조제(5)항 및 제138조 제(4)항). 그러한 목적으로만 그 정보수집의 필요성이 인정되는 경우라면 국가안보 이익을 위한 정보수집의 필요성이 인정되지 않는다(제20조제(4)항 및 제138조제(4)항). 영장에 의해 취득되는 정보가 무역연합의 영국 내에서의 활동과 관련된다는 사정만으로는 필요성 요건이 충족될 수 없다(제20조제(6)항).

아래 표는 2020-2023년도에 IPA에 근거해 인정된 통신대상 정보수집 조치의 총계인데, UKIC(UK Intelligence Community) 항목 부분이 안보정보기관이 청구하여 허가된,[35] IPA에 근거한 통신대상 정보수집 조치의 총계이다.

34) 이러한 규정방식은 (법집행기관 입장에서는) 대상범위가 넓어지고 변화하는 범죄에 신속·유연하게 대응할 수 있는 장점이 있으나, 반대로 정부기관의 자의적인 법집행 가능성 및 정보자기결정권침해의 우려도 존재한다고 평가하는 김학경, "영국 수사권한법에 규정된 온라인수색 법제에 관한 소고", 형사법의 신동향 통권 제74호, 2022, 85면.

35) IPA는 수사기관(법집행기관)의 통신대상 정보수집조치뿐만 아니라, 안보정보기관의 통신대상 정보수집조치를 함께 규율하는 법이다.

표 2020-2023 안보정보기관의 IPA에 의한 통신대상 정보수집 조치

	UKIC	LEA	WPA	Local authorities	Prison services	Total
2020	18,119	251,674	1.130	588	181	271,692
2021	17,458	284,815	870	368	271	303,782
2022	17,693[1]	310,592	1,461	425	332	330,503[2]
2023	14,892	341,554	2,371	518	272	359,607

〈출처〉 IPCO, Annual Report of the Investigatory Powers Commissioner 2023, 2025, p 88.

아래 표는 2021-2023년도에 IPA에 근거해 인정된 통신대상 정보수집조치의 사유(목적)에 관한 통계인데, '영국의 경제적 안녕'을 사유로 하여 허가된 통신대상 정보수집조치 건수는 2023년도에 292건이었다.

표 2020-2023 발부된 IPA에 의한 조치의 사유(목적)

Statutory purpose	Number of authorisations		
	2021	2022	2023
Prevent/ detect time	268,697	271,374	347,179
Preventing death or injury	36,663	47,853	60,134
National security	13,772	16,374	13.276
Identify person	841	979	1,051
Interests of public safety	418	537	839
Economic well-being	360	223	292
Other	142	116	67

〈출처〉 IPCO, Annual Report of the Investigatory Powers Commissioner 2023, 2025, p 90.

2) 미국

FISA는 '해외첩보를 위한 전자감시'의 허용 요건·절차 등에 대해 규율하고 있는 법률이다. FISA는 아래와 같이 '외국세력', '외국정부의 대리인', '해외첩보'를 정의하고 있는데, 이를 통해 간접적으로 어떠한 사유에 기해 '해외첩보를 위한 전자감시'가 인정될 수 있는지를 알 수 있다.

50 U.S. Code § 1801 제(a)항에 의하면, '외국세력(foreign power)'이란 ① 미국이 인정하든 그렇지 않든 외국 정부 또는 그 구성 요소, ② 미국인으로 실질적으로 구성되지 않은, 외국 국가 또는 국가들의 파벌, ③ 외국 정부가 공개적으로 인정한 단체로서 해당 외국 정부가 지시하고 통제하는 단체, ④ 국제테러리즘에 관여하거나 이를 준비하는 활동을 하는 집단, ⑤ 미국인으로 실질적으로 구성되지 않은, 외국 기반 정치조직, ⑥ 외국 정부 또는 정부들에 의해 지시되고 통제되는 기관 또는 ⑦ 대량살상무기의 국제적 확산에 관여하는, 실질적으로 미국인으로 구성되지 않은 단체를 의미한다.

50 U.S. Code § 1801 제(b)항에 의하면, '외국정부의 대리인'이란 1) 미국인이 아닌 사람으로서, ① 외국 정부의 임원 또는 직원으로서 미국에서 활동하거나, 해당 개인이 미국 내에 있는지 여부와 관계없이 외국 정부의 구성원으로서 미국에서 활동하는 경우, ② 대량살상무기의 국제적 확산에 관여하거나, 이를 준비하는 활동을 하거나, ③ 외국 세력을 위해 또는 외국 세력을 대신하여 대량살상 무기의 국제적 확산 또는 그에 대한 준비 활동에 관여하거나, 그러한 확산 또는 그에 대한 준비 활동을 수행하는 데 있어 어떤 사람을 고의로 돕거나 방조하거나, 그러한 확산 또는 그에 대한 준비 활동에 관여하기 위해 어떤 사람과 고의로 공모하는 경우, 또는 2) 외국인인지를 불문하고, ① 외국정부를 대신하여 비밀 정보수집 활동에 고의로 참여하는 사람(이러한 활동에는 미국 형법 위반이 포함되거나 포함될 수 있음), ② 외국정부의 정보기관이나 네트워크의 지시에 따라 해당 외국정부를 대신하여 비밀정보활동에 고의로 참여하고, 그러한 활동이 미국 형법 위반을 수반하거나 수반하려 하는 경우, ③ 고의로 방해 공작이나 국제 테러리즘에 가담하거나, 외국 세력을 위해 또는 외국 세력을 대신하여 그러한 활동을 준비하는 경우, ④ 외국 정부를 대신하여 또는 외국 정부를 위해 허위 또는 사기적 신분을 사용하여 고의로 미국에 입국 하거나, 미국에 체류하는 동안 외국 정부를 대신하여 허위 또는 사기적 신분을 고의로 가장하는 경우, 또는 ⑤ 고의로 ①, ② 또는 ③에 기술된 활동의 수행에 있어서 어떤 사람을 돕거나 방조하거나, 고의로 ①, ② 또는 ③에 기술된 활동에 참여하기 위해 어떤 사람과 공모하는 경우를 말한다.

'해외첩보정보(Foreign intelligence information)'란 1) 미국인과 관련된 정보로서 미

국인에 관한 정보인 경우 미국이 ① 외국 세력 또는 외국 세력의 대리인의 실제적 또는 잠재적 공격 또는 기타 중대한 적대 행위, ② 외국 세력이나 외국 세력의 대리인에 의한 파괴 행위, 국제테러리즘 또는 대량살상무기의 국제적 확산, ③ 외국 정부의 정보기관이나 네트워크 또는 외국정부의 대리인에 의한 비밀정보활동, 또는 ④ 불법 합성약물, 오피오이드, 코카인 또는 과다 복용으로 인한 사망을 유발하는 기타 약물이나 앞서 언급한 약물의 전구체의 국제적 생산, 유통 또는 자금 조달에 대해 보호할 수 있는 능력에 필요한 정보 또는 2) 미국인과 관련된 외국 정부 또는 외국 영토에 관한 정보로서 ① 미국의 국가방위 또는 안보, 또는 ② 미국의 외교활동 수행에 필요한 경우를 말한다.

3) 독일

독일 통신비밀제한법률 제1조 제1항에 의하면, 연방 및 주의 헌법보호청, 군정보부 및 연방정보부(BND)는 자유민주주의 기본질서 또는 연방이나 주의 존립이나 안전(독일연방공화국에 주둔하고 NATO조약국 부대의 안전을 포함한다)에 대한 **급박한 위험을 방지하기 위하여**(zur Abwehr von drohenden Gefahren) 전기통신을 감시 및 기록할(überwachen und aufzeichen)[36] 권한을 가지고, 서신이나 우편 비밀에 속하는 송신물을 개봉하거나 열람할 권한도 가진다. 이와 같은 전기통신 감시 · 기록 조치 및 서신 · 우편 개봉 · 열람권을 통칭하여 '통신비밀제한조치(Beschränkungen)'라고 한다. 여기서 '전기통신의 감시 · 기록'이란 정보처리시스템에 적극적인 영향력을 미치지 않으면서 감시 · 기록하는 조치 즉, 일반 통신비밀제한조치를 말한다.[37]

통신비밀제한법률 제8조는 **국제통신**(internationale Telekommunikationsbeziehungen)을 대상으로 한 일반통신비밀제한조치가 허가되는 사유를 규정하고 있는 규정인데, 제8조에 의하면, **해외에 있는 사람의 생명이나 신체에 대한 위험을 적시에 식별하거나 대응하기 위해 필요하고, 그로 인해 독일 연방 공화국의 이익이 직접적이고 구체적으로 영향을 받는 경우**에 연방정보부는 그러한 국제통신을 감시 · 기록

36) 일반적으로 다른 문헌에서는 '감청 및 녹음할 권한'으로 번역되고 있다.

37) MüKoStPO/Günther/Rückert, 2. Aufl. 2025, G10 § 1 Rn. 42.

할 권한을 가진다.

독일 통신비밀제한법률도 "급박한 위험을 방지하기 위하여 (필요한 때)"라고 함으로써 안보목적 일반통신비밀제한조치는 국가안보에 대한 위험 단계에서 인정되는 것임을 명확히 하고 있다. 다만, 일반적인 일반통신비밀제한조치의 청구사유와 국제통신에 대한 일반통신제한조치 청구사유를 구별하여 규정하고 있다.

다. 검토 및 개선방안

영국은 '최소 3년 이상의 징역을 받을 수 있는 정도의 범죄행위와 같은 일정 중범죄의 방지 또는 발견을 위하여 필요한 경우' 그리고 '영국제도 외에 소재하는 사람의 행동 또는 의도와 관련된 정보로서 영국의 국가안보이익에 관련되는, 영국의 경제적 안녕(economic well-being)을 위해 필요한 경우'를 통신가로채기 영장이 청구될 수 있는 사유로 인정하고 있다.

국정원법은 국제범죄조직에 관한 정보의 수집·작성·배포도 국정원의 직무로 하고 있고, '산업경제정보 유출, 해외연계 경제질서 교란 및 방위산업침해에 대한 방첩'도 방첩정보에 포함되는 것으로 하고 있지만, 통비법은 "국가안전보장"이라고만 하고 있다. 영국과 같이 '일정 중범죄 이상의 범죄의 방지·발견' 관련 정보 그리고 우리의 국가경제안보를 위태롭게 할 수 있는 해외 관련 정보 또한 국가안보 관련 정보임이 명확히 드러나도록 '국가안전보장'이라는 용어의 의미를 좀 더 구체화하는 것이 적절해 보인다.

2 신청권 · 청구권 · 승인권자, 허가 요건 및 허가절차 개관

가. 우리나라

아래 표는 현행 통비법에 의할 때, 안보목적 일반통신제한조치의 신청권·청구권·승인권자, 허가 절차 및 허가기간 등을 간략히 정리한 것이다.

표 안보목적 일반통신제한조치의 유형, 승인권자 및 허가절차 등

	안보목적 일반통신제한조치	
대상 사안 (허가 사유)	국가안전보장에 상당한 위험이 예상되는 경우 또는 「국민보호와 공공안전을 위한 테러방지법」 제2조제6호의 대테러활동에 필요한 경우에 한하여 그 위해를 방지하기 위하여 이에 관한 정보수집이 특히 필요한 때	
피대상자	통신의 일방 또는 쌍방당사자가 내국인인 때	① 대한민국에 적대하는 국가, 반국가활동의 혐의가 있는 외국의 기관 · 단체와 외국인, 대한민국의 통치권이 사실상 미치지 아니하는 한반도내의 집단이나 외국에 소재하는 그 산하단체의 구성원의 통신인 때, ② 내국인이지만, 작전수행을 위한 군용전기통신인 경우
신청권자 및 청구권자	안보정보기관장이 검사에게 신청하고, 검사가 고법 수석판사에게 청구	안보정보기관장의 청구에 의한 대통령의 승인
원칙적 기간	4개월 + 1회 연장 가능	4개월 + 1회 연장 가능 단, 작전수행을 위한 군용전기통신의 경우, 적과 교전상태에 있는 경우에는 작전 종료될 때까지 대통령 승인 없이 계속 가능
승인권자	고법 수석판사	대통령
긴급통신제한 조치	국가안보를 위협하는 음모행위, 직접적인 사망이나 심각한 상해의 위험을 야기할 수 있는 범죄 또는 조직범죄등 중대한 범죄의 계획이나 실행 등 긴박한 상황에 있고 제5조제1항 또는 제7조제1항제1호의 규정에 의한 요건을 구비한 자에 대하여 제6조 또는 제7조제1항 및 제3항의 규정에 의한 절차를 거칠 수 없는 긴급한 사유가 있는 때	국가안보를 위협하는 음모행위, 직접적인 사망이나 심각한 상해의 위험을 야기할 수 있는 범죄 또는 조직범죄등 중대한 범죄의 계획이나 실행 등 긴박한 상황에 있고 제7조제1항제2호에 해당하는 자에 대하여 대통령의 승인을 얻을 시간적 여유가 없거나 통신제한조치를 긴급히 실시하지 아니하면 국가안전보장에 대한 위해를 초래할 수 있다고 판단되는 때
	긴급검열서 또는 긴급감청서	소속 기관장의 승인
	집행에 착수한 때부터 36시간 이내에 법원의 허가	집행에 착수한 때부터 36시간 이내에 대통령의 승인

갱신 및 연장	- 1회에 한해 4개월 한도로. 최대 8개월 - 고법 수석판사 연장허가	- 1회에 한해 4개월 한도로. 최대 8개월 - 대통령 승인.

통비법 제7조에 의하면 국가안보를 위한 통신제한조치의 신청권자는 '안보정보기관장'이다. 그러나 안보목적 일반통신제한조치는 피대상자가 누구인지에 따라 즉, 통신의 일방 당사자가 내국인인지(이하 논의의 편의상 '내국인 대상 일반통신제한조치'라 함), 아니면 대한민국에 적대하는 국가, 반국가활동의 혐의가 있는 외국의 기관·단체와 외국인 등인지(이하 '외국인 대상 일반통신제한조치'라 함)에 따라 크게 2가지 유형으로 나뉘고, 그에 따라 승인권자, 허가절차 등이 나뉜다.

'내국인 대상 일반통신제한조치'의 경우 승인권자는 고법 수석판사이고, 안보정보기관장이 검사에게 신청하면 검사가 고법 수석판사에게 '내국인 대상 통신제한조치의 허가'를 청구하여야 한다. 긴급 '내국인 대상 일반통신제한조치'의 경우 고법 수석판사의 사후승인을 받아야 하고, 기간 갱신·연장의 경우에도 고법 수석판사의 허가를 받아야 한다.

반면에 통신제한조치 대상이 외국인인 경우, 내국인 대상과는 달리 법원의 허가 대신 대통령의 승인을 요구한다. 대한민국에 적대하는 국가, 반국가활동의 혐의가 있는 외국의 기관·단체와 외국인, 대한민국의 통치권이 사실상 미치지 아니하는 한반도 내의 집단이나 외국에 소재하는 그 산하단체의 구성원의 통신인 때, 정보·수사기관의 장이 통신제한조치 계획서를 작성하여 국가정보원장에게 제출하고 국정원장은 그 타당성을 심사한다.[38] 심사를 거친 후 대통령에게 서면으로 승인을 요청하고, 통신제한조치를 신청한 정보·수사기관의 장이 이를 집행한다. 통신제한

38) 통비법 시행령 제8조 (국가안보를 위한 통신제한조치에 관한 대통령의 승인) ① 정보수사기관의 장이 법 제7조제1항제2호에 따라 통신제한조치를 하려는 경우에는 그에 관한 계획서를 국정원장에게 제출하여야 한다. ② 국정원장은 제1항에 따른 정보수사기관의 장이 제출한 계획서에 대하여 그 타당성 여부에 관한 심사를 하고, 심사 결과 타당성이 없다고 판단되는 경우에는 계획의 철회를 해당 정보수사기관의 장에게 요구할 수 있다. ③ 정보수사기관의 장이 제1항에 따른 계획서를 작성하는 경우에는 법 제6조제4항 및 이 영 제4조를 준용한다. ④ 국정원장은 제1항에 따라 정보수사기관의 장이 제출한 계획서를 종합하여 대통령에게 승인을 신청하며 그 결과를 해당 정보수사기관의 장에게 서면으로 통보한다.

조치의 기간은 4개월을 초과하지 못하며, 기간 중 목적이 달성되었을 경우 즉시 종료해야 한다. 다만 제7조 제1항의 통신제한조치 요건이 존속하는 경우, 소명자료를 첨부하여 대통령의 승인을 받아 4개월의 범위 내에서 연장할 수 있다(제7조 제2항). 국가안전보장에 대한 긴급한 위험이 현존하여 대통령의 승인을 받을 시간적 여유가 없을 때, 정보·수사기관의 장은 긴급 통신제한조치를 집행할 수 있는데(제8조 제8항), 이때 집행에 착수한 때부터 36시간 이내에 대통령의 승인을 얻어야 한다(제8조 제9항). 36시간 이내에 승인을 얻지 못한 경우 해당조치를 즉시 중지하고 취득한 자료를 폐기해야 한다(제8조 제10항).

한편, '내국인 대상 일반통신제한조치'인지 아니면 '외국인 대상 일반통신제한조치'인지에 따라 (일반)통신제한조치 청구서 및 영장의 기재사항 및 특정성 정도도 달라진다(이에 대해서는 후술함). 뿐만 아니라, 정보·수사기관의 장은 통신제한조치를 종료한 날로부터 30일 이내에 대상자에게 그 사실을 통지해야 하지만(제9조의2 제3항), 국가안전보장을 위한 통신제한조치 중 외국인 통신(제7조 제1항 제2호)에 대해서는 통지의무가 없다.

통비법 제7조 제1항에 의하면 '내국인 대상 통신제한조치'는 '통신의 일방 또는 쌍방당사자가 내국인인 때'를 말한다. 시행령 제9조제2항에 의하면, **'통신의 일방 당사자가 외국인 등(법 제7조제1항제2호에 규정된 자)인데, 그 상대방이 특정되지 아니하거나 불분명한 경우'에도 '법 제7조제1항제2호의 통신' 즉, '외국인 대상 통신제한조치'로 본다**. 따라서 통신의 일방 당사자라도 내국인이라는 것이 명확하면 '내국인 대상 통신제한조치'에 해당한다.

나. 해외 입법례

1) 영국

가) 통신내용 취득을 목적으로 하는 통신제한조치의 유형

아래 표는 IPA에 의할 때, 통신내용 취득을 목적으로 하는 통신제한조치를 허가하는 영장의 세부 유형 및 의미를 간략히 정리한 것이다.

표 통신내용 취득을 목적으로 하는 영장(통신제한조치)의 유형 및 의미

유형			개념 정의 및 특징	기관
대상불특정/대량(Bulk)	장비침입 영장 (bulk equipment interference warrant)		영장의 주된 목적이 '**해외관련** 통신, 정보 또는 장비 데이터'의 취득을 목적으로 대상 장비에 대한 간섭·침해를 허용하는 영장	안보목적으로만 가능 (범죄수사 목적으로 X)
	통신(내용) 가로채기 영장 (bulk interception warrant)		영장의 주된 목적이 '**해외관련 통신**'의 내용을 가로채거나 그러한 의사소통의 '2차적 데이터'를 취득하는 것	안보목적으로만 가능 (범죄수사 목적으로 X)
대상특정 (Targeted)	장비침입 영장 (targeted equipment interference warrant)		국내용	안보목적, 수사목적 모두 가능
	통신(내용) 가로채기 영장 (targeted interception warrant)	thematic warrant	국내용	안보목적, 수사목적 모두 가능
		non-thematic warrant	국내용	안보목적, 수사목적 모두 가능

영국은 통신내용을 취득하는 것을 목적으로 하는 영장을 대상의 특정 유무에 따라 크게 대상특정(targeted) 영장과 '대상불특정(bulk) 영장(또는 대량 영장)'으로 나눈다. IPA 제136조제(1)항 내지 제(4)항에 의하면, '대량 가로채기영장(Bulk interception warrants)'이란 a. 영장의 주된 목적이 '해외관련 통신(overseas-related communication)의 내용을 가로채거나 그러한 통신의 2차적 데이터를 취득하는 것이고, b. 영장에 기재된 자에게 원거리통신 시스템에 의한 통신 전송과정에서 영장에 기재된 통신을 가로채는 것, 그러한 통신에 관한 2차적 데이터를 취득하는 것, 영장을 통해 가로챈 통신의 내용 또는 취득한 2차적 데이터를 검사·조사를 위해 선별하는 것 또는 영장에 기재된 통신을 취득하여 영장에 기재된 자에게 인계하도록 하는 것을 허가하거나 요구하는 것을 내용으로 하는 영장을 말한다. 그리고 IPA 제

176조에 의하면, '대상불특정(대량) 장비침입영장(Bulk equipment interference warrants)'이란 '해외 관련 통신(overseas-related communication), 정보 또는 장비데이터(equipment data)'의 취득을 목적으로 대상 장비에 대한 간섭 · 침해를 허용하는 영장이다.

IPA 제136조(대상 불특정 통신가로채기 영장) 제(3)항[39] 그리고 제176조(대상불특정 장비침입 영장: 일반사항) 제(2)항에서[40] '해외관련 통신' 및 '해외 관련 정보'를 정의하고 있는데, '해외 관련 통신'이란 "영국제도(British Islands) 외에 있는 사람에 의해서 송신된 통신 또는 영국제도 외에 있는 사람이 수신한 통신"을 말하고, '해외 관련 정보'란 "영국제도 외에 있는 사람에 관한 정보"를 말한다.

나) 청구권자, 승인권자, 영장발부권자 및 허가절차

아래 표는 통신가로채기 영장의 허가 사유 · 요건 및 절차 등을 간략히 정리한 것이다.

---

39) 원문은 다음과 같다.

136. Bulk interception warrants
(3) In this Chapter "overseas-related communications" means—
(a) communications sent by individuals who are outside the British Islands, or
(b) communications received by individuals who are outside the British Islands.

40) 원문은 다음과 같다.

176. Bulk equipment interference warrants: general
(2) In this Chapter—
"overseas-related communications" means—
(a) communications sent by individuals who are outside the British Islands, or
(b) communications received by individuals who are outside the British Islands;
"overseas-related information" means information of individuals who are outside the British Islands.

표 통신가로채기 영장의 허가 요건 및 절차 개관

<table>
<tr><th colspan="2"></th><th>대상특정 통신가로채기 영장</th><th>대상불특정 통신가로채기 영장</th></tr>
<tr><td colspan="2">청구사유</td><td colspan="2">① 국가안보이익을 위해 필요한 경우, ② 중대범죄(serious crimes)의 방지 또는 발견을 위해 필요한 경우, ③ 영국 외의 사람의 행동 또는 의도에 관한 정보로서 영국의 국가안보이익에 관련되는, 영국의 경제적 안녕(economic well-being)을 위해 필요한 경우</td></tr>
<tr><td rowspan="3">일반적 허가 절차</td><td>허가요건</td><td>• 영장발부의 필요성
• 조치의 비례성</td><td>• 영장발부의 필요성
• 조치의 비례성
• 수집한 정보의 검색 · 보관 · 공유 관련 사항이 준수될 수 있을 것</td></tr>
<tr><td>발부권자</td><td colspan="2">장관의 영장발부 결정</td></tr>
<tr><td>승인권자</td><td colspan="2">조사권한 위원(사법위원)의 승인</td></tr>
<tr><td colspan="2">긴급한 경우</td><td colspan="2">장관이 집행 후 조사권한 위원의 사후승인</td></tr>
<tr><td colspan="2">강화된 영장발부 요건</td><td colspan="2">의회 의원, 언론보도원 등에 대한 통신가로채기의 경우</td></tr>
<tr><td colspan="2">기간</td><td colspan="2">6개월 + 6개월</td></tr>
</table>

(1) 안보목적 통신제한조치의 신청권자

IPA는 통신내용취득을 목적으로 하는 통신제한조치를 허가하는 영장의 유형별로 그러한 영장의 청구권자를 나열하고 있는데,[41] 안보목적의 통신제한조치에서는 신청권자가 '안보정보기관의 장(head of intelligence service)'이다. IPA 제263조 제(1)항에 의하면 동 법률에서 의미하는 '안보정보기관장(head of intelligence service)'이란 SS(=(MI5), SIS(=MI6) 및 GCHQ의 장을 뜻한다.

(2) 영장 발부권자 및 영장 승인권자

'안보목적 통신제한조지'에서 영상의 발부권자는 조치를 신칭힌 안보정보기관이 소속하는 부처의 장관이다. 따라서 내무부 소속인 SS의 장이 신청하는 경우에는 내무부장관이 영장 발부권자이고, 외교부 소속인 SIS와 GCHQ가 청구하는 경우에는 외교부장관이 발부권자이다.

41) IPA는 수사목적인지, 안보목적인지를 구분하여 통신제한조치의 허가요건 및 절차를 규율하는 방식이 아니라, 원칙적으로 양자를 통합적으로 규율하는 방식을 취하고 있다.

IPA 제19조 및 제20조에 의하면, 안보정보기관장으로부터 '대상특정 통신가로채기 영장' 신청을 받은 장관은 ① 영장 발부의 필요성이 인정되는지, ② 조치의 비례성이 인정되는지(조치를 통해 달성하고자 하는 목적과 정보수집의 수단 간에 비례성이 인정될 것)를 검토하고, ③ 사법위원(Judicial Commissioner)의 사전승인을 받아 영장을 발부한다. 긴급성이 인정되는 경우에는 사법위원의 사전승인 없이 '대상특정 통신가로채기 영장'을 발부할 수 있지만, 사법위원으로부터 사후승인을 받아야 한다.

IPA 제26조 내지 제27조에는 '강화된 영장 발부 요건'이 적용되는 경우에 대해 규율하고 있는데, 제26조에 의하면 국회의원에 대한 통신내용가로채기 영장은 수상의 승인이 있어야 한다.

2) 미국

가) FISA상의 해외첩보 전자감시 조치의 유형

아래 표는 FISA상의 해외첩보획득을 위한 전자감시조치의 유형, 청구권자, 허가요건·절차를 간략히 정리한 것이다.

표 FISA상의 통신제한조치의 유형, 허가요건 및 허가절차

		외국정부의 대리인으로 행동하는 미국인	미국 외부의 사람에 대한 타겟팅	전적으로 외국세력 간에 이용된 통신에 대한 전자감시
청구사유		50 U.S.C. Section 1801(b)(2)(B)에 언급된 미국의 형법 위반이 발생했거나 발생하려고 한다는 사실	해외첩보 수집의 필요성	
청구권자		연방수사국장(Director of the FBI), 국방부장관(the Secretary of Defense), 국무부장관(the Secretary of State), 국가정보국장(the Director of National Intelligence) 또는 중앙정보국 국장		
허가절차	허가요건	• '최소화절차'가 제안될 것	• 최소화절차	• 최소화절차
	법무부장관	법무부장관의 검토(승인)	법무부장관의 검토(승인)	
	명령권자	해외첩보감시법원의 명령(영장)	대통령	

	긴급한 경우	법무부장관의 승인 후 해외첩보감시법원의 사후 승인	
기간		원칙적으로는 90일을 한도. 다만, 외국 정부를 표적으로 삼은 전자감시 또는 외국정부의 대리인을 표적으로 삼은 전자감시는 1년을 한도로	

나) 해외첩보 전자감시 신청권자, 승인권자, 명령권자

50 U.S.C. § 1804(FISA 제104조) 제(d)항에 의하면, '안보목적 해외첩보수집을 위한 전자감시'의 신청권자는 연방수사국장(Director of the FBI),[42] 국방부장관(the Secretary of Defense), 국무부장관(the Secretary of State),[43] 국가정보국장(the Director of National Intelligence) 또는 중앙정보국 국장(Director of the Central Intelligence Agency)이다. '안보목적 전자감시' 신청은 법무부장관(Attorney General)의 승인을 거쳐야 한다. 연방정보기관의 '해외첩보 전자감시 신청서'는 법무부장관의 사전검토를 거쳐 법무부장관의 승인하에 법원에 제출된다. 신청 시에는 신청자의 선서 또는 확약(affirmation)이 있어야 한다.

'안보목적 전자감시'의 허가권자는 법원의 명령 · 영장(order)이 필요한 경우에는 '해외첩보정보 전자감시 명령 관할법원'이고, 법원의 영장 · 명령 없이 가능한 경우에는 대통령이다.

미국은 '안보목적 전자감시'의 허가를 승인하는 법원을 별도로 마련하고 있는데, 바로 '해외첩보감시명령 관할법원(Foreign Intelligence Surveillance Court, FISC)'과 '해외첩보감시명령 상급심법원(Foreign Intelligence Surveillance Court of Review, FISCR)'이다. 전자는 해외첩보감시명령 신청 1심을 담당하는 법원이고, 후자는 상소심을 담당하는 법원인데, 전자는 11명의 연방법관으로 구성되고, 후자는 3명의 연방법관으로 구성된다. 해외첩보감시명령 관할법원은 연방정부의 해외첩보감시 신청에 대해 재판하는 권한뿐만 아니라, 통신서비스제공자 또는 제3자의 이의신청 등에 대해서도 재판하는 권한을 가진다.

42) 미국의 FBI는 수사기관인 동시에 안보정보기관이다.

43) 미국 국무부는 우리의 외교부에 해당한다.

다) 법원의 명령·영장이 필요한 경우

50 U.S.C. § 1804에 의하면, '해외첩보 전자감시'는 원칙적으로 법원의 허가를 필요로 하고, 안보정보기관장의 신청서에는 '최소화절차'에 관한 사항이 포함되어야 한다.

'최소화절차'란 전자감시의 목적 및 기술을 고려할 때, 해외첩보정보를 획득하고, 생산하고 배포할 필요성을 고려할 때 동의하지 않은 미국인에 대한 정보의 획득 및 보관을 최소화하고, 그러한 정보의 배포를 금지하기 위해 마련된 절차로서, ① 어느 미국인의 신원이 해외첩보정보를 이해하는데 필요하거나 그 정보의 중요성을 평가하는 데 필요한 경우가 아닌 한, 그 미국인의 동의 없이는 해외첩보정보가 아닌 정보를 그 미국인의 신원을 알 수 있도록 하는 방법으로 배포하지 않도록 하고, ② 이미 범해졌거나 범행 중이거나 범해질 예정인 범죄의 증거로 기능하는 정보의 보관 및 배포를 허용하고, ③ 미국인이 통신의 당사자인 통신의 내용은 50 U.S.C. §1805에 따른 법원의 명령을 얻은 경우가 아니거나 법무부장관이 그러한 통신내용 관련 정보가 타인의 사망 또는 심각한 신체적 손상을 암시하는 정보로 판단한 경우가 아닌 한, 공개되거나 배포되거나 다른 목적으로 사용될 수 없다는 점을 명확히 하는 절차를 말한다.

(1) 통상의 경우

50 U.S.C. § 1805에 의하면, '해외첩보 전자감시명령 관할법원'은 다음의 요건이 충족되는지를 판단하여 전자감시 명령을 발한다: 1) 신청인이 제출한 사실을 기초로 다음과 같은 사실을 믿을 만한 이유(probable cause to believe)가 있는 경우일 것: (A) 전자감시의 대상이 외국정부 또는 외국정부의 대리인인 경우 : 단, 미국인은 미국 헌법 수정 제1조에 의해 보호되는 활동만을 근거로 외국정부 또는 외국정부의 대리인으로 간주될 수 없다. (B) 전자감시가 지시되는 각 시설 또는 장소는 외국 세력 또는 외국 세력의 대리인에 의해 사용되고 있거나 사용되려고 할 것. 2) 제안된 최소화절차가 50 U.S.C. sec. 1801(h)의 요건을 충족할 것. 3) 신청서에는 sec. 1804에 의해 요구되는 모든 진술 및 증명서가 포함되어 있으며, 대상이 미국인인 경우 해당 증명서는 sec. 1804(a)(7)(E)에 따라 작성된 진술 및 sec. 1804(d)

에 따라 제공된 기타 정보를 기준으로 명백히 오류가 없을 것.

법원은 '믿을만한 이유'가 있는지를 판단함에 있어서 대상자의 과거 활동뿐만 아니라 대상자의 현재 또는 미래 활동과 관련된 사실 및 상황을 고려할 수 있다.

법원의 전자감시 명령서에는 다음 사항이 기재되어야 한다: (A) 신청서에서 식별되거나 설명된 전자감시의 대상에 대한 신원(알려진 경우) 또는 설명, (B) 전자감시가 실시될 각 시설 또는 장소의 성격과 위치(알려진 경우), (C) 수집하고자 하는 정보의 유형과 감시 대상이 되는 의사소통이나 활동의 유형, (D) 전자감시가 수행되는 수단과 감시를 수행하기 위해 물리적 진입이 사용될지 여부, (E) 전자감시가 승인되는 기간.

법원은 전자감시 명령서에서 다음 사항을 지시할 수 있다: (A) 최소화 절차를 따라야 한다는 것. (B) 신청인의 요청에 따라, 지정된 통신사 또는 기타 일반 운송업체, 임대인, 관리인 또는 기타 지정된 사람이 신청인에게 전자감시를 수행하는데 필요한 모든 정보, 시설 또는 기술 지원을 즉시 제공하여 비밀을 보호하고 해당 운송업체, 임대인, 관리인 또는 기타 사람이 전자감시 대상에게 제공하는 서비스에 최소한의 방해를 발생시키도록 해야 한다는 것. (C)그러한 운송업체, 집주인, 관리인 또는 기타 사람이 법무부장관 및 중앙정보국장이 승인한 보안 절차에 따라 그러한 사람이 보관하기를 원하는 감시 또는 제공된 지원에 관한 기록을 보관한다는 것. (D) 신청자는 그러한 지원을 제공한 운송업체, 임대인, 관리인 또는 기타 사람에게 우세한 비율로 보상해야 한다는 것.

전자감시 명령은 '전자감시가 이루어질 시설 또는 장소의 성격과 위치가 불상인 상태'로 내려질 수도 있는데, 이 경우 신청자가 새로운 시설 또는 장소에 대해 전자감시를 행하는 경우 그 개시일로부터 10일 이내에 법원에 그 새로운 시설 또는 장소에 대한 전자감시를 정당화하는 근거사실과 함께 그러한 사실을 통지해야 한다(sec. 1805(3) 참조).

전자감시명령은 원칙적으로는 90일을 한도로 하여 신청서에서 신청한 기간에 한해 승인될 수 있지만, 외국 정부를 표적으로 삼은 전자감시 또는 외국정부의 대리인을 표적으로 삼은 전자감시는 1년을 한도로 하여 신청서에서 신청한 기간에 한해 승인될 수 있다.

(2) 긴급한 경우

50 U.S.C. sec. 1805(e)에 의하면, 법무부장관은 법원의 명령을 받기 전에 해외첩보정보를 수집하기 위한 비상상황이 존재한다고 판단하는 경우에는 관할권을 가진 법관에게 알린 후, 긴급히 전자감시를 실행할 수 있다. 이 경우 법무부장관은 가능한 한 즉시, 늦어도 7일 이내에 법원의 사후승인을 신청하여야 한다. 법원의 사후승인이 없는 경우, 긴급시행된 전자감시는 목표로 된 정보가 획득된 때, 사후승인이 거부된 경우 또는 7일이 지난 때 중 빠른 때에 종료된다. 사후승인 신청이 거부되거나 전자감시가 종료되고 사후승인이 내려지지 않은 경우, 해당 감시에서 얻은 정보나 증거는 미국, 주 또는 정치적 하위 구역의 법원, 대배심, 부서, 사무실, 기관, 규제 기관, 입법 위원회 또는 기타 기관에서 진행하는 재판, 심리 또는 기타 절차에서 증거로 접수되거나 공개되어서는 안 되며, 해당 감시에서 얻은 미국인에 관한 정보는 그 사람의 동의 없이는 연방 공무원이나 직원이 추후에 사용하거나 다른 방식으로 공개해서는 안 된다. 단, 해당 정보가 누군가에게 사망이나 심각한 신체적 해를 끼칠 위협을 나타내는 경우에는 법무장관의 승인을 받아야 한다.

50 U.S.C. sec. 1805(f)는 전자감시의 대상이었고, 해외에 존재한다고 믿었던 외국인이 국내에 존재하는 것으로 알려진 경우 72시간을 한도로 하여 긴급히 전자감시를 할 수 있는 권한에 대해 규정하고 있다.

라) 법원의 명령·영장이 필요 없는 경우, 대통령의 허가

50 U.S.C. § 1802(a)(1)에 의하면, 다음의 경우 법원의 명령 없이 대통령이 최대 1년 동안 해외첩보정보를 수집하기 위한 전자감시를 승인할 수 있다.

(A) 전자감시가 오로지 다음과 같은 통신내용 획득을 위한 것일 것: ① **전적으로 '외국 세력(foreign power)' 간에 이용된 통신수단**에 의해 전송된 통신의 내용을 제18편 제1801조 제(a)항 제(1)호, 제(2)호 또는 제(3)호에서 정의된 대로 획득하거나, ② 외국 세력(foreign power)의 공개적이고 전적인 통제하에 있는 재산 또는 건물(property or premises)에서의 개인간의 구술 의사소통이 아닌 기술적 정보(technical intelligence)를 제50편 제1801

조 제(a)항 제(1)호, 제(2)호 또는 제(3)호에서 정의된 대로 획득하는 것일 것

(B) 그 전자감시가 미국인이 통신의 한 당사자인 통신의 내용을 취득할 현저한 가능성이 없는 경우일 것

(C) 제안된 '최소화 절차'가 제50편 제1801조 제(h)항에 따른 '최소화절차' 정의에 합치할 것; 다만, 법무부장관이 그러한 최소화 절차와 그에 대한 변경 사항을 발효일로부터 최소 30일 전에 하원 상임정보위원회와 상원 정보위원회에 보고하는 경우에는 그렇지 않다(단, 법무부장관이 즉각적인 조치가 필요하다고 판단하고 그러한 최소화 절차와 그 발효 이유를 위원회에 즉시 통보하는 경우는 제외).

3) 독일

가) 일반 통신비밀제한조치의 유형

아래 표는 독일법상 안보목적으로 통신내용을 취득하는 통신비밀제한조치의[44] 유형, 개념정의 및 근거규정을 정리한 표이다. 암호통신감청 및 온라인 수색에 대해서는 제3장에서 다룬다.

표 통신내용 취득을 목적으로 하는 조치의 유형, 의미 및 근거규정

유형			개념 정의 및 특징	근거규정
온라인 수색			기술적 수단 투입하여 정보처리장치에 저장된 모든 통신내용 취득	• 연방정보부법률 • 바이에른주 헌법보호법률
암호통신감청			기술적 수단 투입하지만 특정 사항 관련 통신내용 취득	통신비밀제한법률 제11조 제1(a)항
일반 통신 비밀 제한 조치	전략적 (불특정)	<u>**외국에서의 외국인간의 통신 대상**</u> 전략적 감시 · 기록	전략적으로(대상불특정) 통신내용 취득	연방정보부법률 제4장(제14조 이하)
		국제통신 대상 전략적 감시 · 기록	구체적 사건을 대상으로 하지 않고 전략적으로(대상 불특정) 국제통신 대상 통신내용 취득	통신비밀제한법률 제5조
		국제통신 대상 전략적 감시 · 기록	구체적 사건을 대상: 해외 소재 사람의 생명 · 신체의 위험	통신비밀제한법률 제8조

44) 암호통신감청 및 온라인수색에 대해서는 제3장에서 자세히 다룬다.

	개별사안 대상 (특정)	일반 통신(내용) 감시 · 기록 명령	국내 통신 대상	통신비밀제한법률 제1조 및 제3조

통신비밀제한법률상의 '개별적 사건 대상 통신비밀제한조치들'은 감청대상자의 구체적인 혐의를 기초로 특정사건을 대상으로 한다. 이에 반해 '전략적 통신비밀제한조치'란 특정한 개별 사안을 전제하거나 특정 혐의를 근거로 하는 것이 아니라, 법률상 규정된 목적을 위하여 일반적으로 정보를 수집하고 이러한 정보를 분석하여 사전에 위험상황을 파악하고 대응하는 정보활동이다.[45] '전략적 통신비밀제한조치'(또는 '전략적 통신감청')는 '패킷으로 전송되는 국제통신', 즉, 독일 국내와 외국 간의 통신을 감청하는 것과 순전히 외국에서의 외국인간의 통신을 감청하는 것 2가지 유형으로 나뉘는데, 전자는 통신비밀제한법률에서 규율되고 있고, 후자는 연방정보부법률 제4장에서 규율되고 있다.

나) 청구권자, 명령권자 및 허가절차

아래 표는 독일법상 해킹 등 기술적 수단을 투입하지 않는, 일반 통신비밀제한조치의 청구권자, 명령·승인권자 및 허가 요건·절차를 간략히 정리한 것이다.

표 일반 통신감시·기록 조치의 세부 유형, 허가요건 및 허가절차

	개별사건(특정인) 대상 통신 감시 · 기록	전략적 감시 · 기록		
		통신비밀제한법률(패킷으로 전송되는 국제통신 대상)		연방정보부 법률 (해외에서의 외국인 간 통신 대상)
청구사유	통신비밀제한조치법률 제3조 제1항의 사유가 인정될 것(① 통신비밀제한법률 제3조 제1항에 나열된 범죄를 제1항 각호에 나열된 범죄를 계획하거	제8조의 사유가 인정될 것 (해외 소재 자국민의 생명 · 신체에 대한	제5조제1항의 사유 가 인정될 것(제5조제1항 각호에 나열된 위험을 적시에	연방정부의 정책 보고를 위해서 또는 외국으로부터 임박한 국제적 의미가 있는 위험을 조기에 인식

45) 박희영, "최근 독일 정보기관의 정보수집권 확대와 형사정책적 시사점 - 암호통신감청, 전략적 해외통신감청, 온라인 수색을 중심으로 -", 형사정책연구 제32권 제3호, 2021, 117면.

		나, 범하는 중이거나 범하였다는 혐의에 대한 사실적인 근거가 존재하는 경우 또는 ② 자유민주주의 기본질서 또는 연방이나 주의 존립 · 안전을 해하는 것을 내용으로 하는 범죄를 범하는 것이 조직의 목적 또는 활동인 그러한 조직의 구성원으로 활동한다는 혐의에 대한 사실상의 근거가 존재하는 경우)	위험을 적시에 인식하고 그에 대응하기 위해 필요한 때)	인식하고 그에 대응하기 위해 필요한 때)	하기 위해서
신청권자		연방헌법보호청	연방정보부		
허가 절차	허가요건	사실관계의 조사가 다른 방법으로는 가망이 없거나 현저히 어려울 것	사실관계의 조사가 다른 방법으로는 가망이 없거나 현저히 어려울 것	검색어 지정 등	
		오로지 사생활의 핵심영역에 관한 정보만이 수집되는 경우가 아닐 것 증언거부권자 등 고려			
	명령권자	연방내무부장관			연방정보부의 장
	승인권자	G10 위원회	의회통제위원회		독립통제위원회
긴급한 경우		G10 위원회의 사후승인	의회통제위원회 위원장의 임시승인 + 의회통제위원회의 사후승인		독립통제위원회 법원유사기구의 위원 1인에 의한 임시 심사 + 독립통제위원회의 사후승인
기간		원칙적으로 3개월 내 + 연장 · 갱신 가능			

통신비밀제한법률 제10조 제1항에 의하면, 동법률상의 통신비밀제한조치의 명령권자는 주 헌법보호청에 의한 신청의 경우에는 관할 주 최고행정기관이고, 기타의 경우 즉, 연방 연방안보정보기관(연방헌법보호청, 연방정보부, 군정보부)에 의한 신청의 경우에는 연방 내무부장관이다. 그리고 연방 내무부장관의 통신비밀제한조치

명령은 'G10 위원회'의[46] (사전)승인을 받아야만 집행될 수 있다. 다만, 긴급한 경우 연방 내무부장관은 제3조에 기한 개인대상 통신비밀제한조치의 경우 'G10 위원회'의 (사전)승인 없이 통신비밀제한조치를 집행할 수 있지만, 긴급집행 후 3일 이내에 G10 위원회의 사후승인을 받지 못하면 연방내무부장관은 즉시 그 명령을 철회해야 한다(제15조 제6항). 긴급한 경우 연방 내무부장관은 제5조 또는 제8조에 기한 국제통신에 대한 전략적 감시조치를 3일 내에 의회통제위원회[47] 위원장의 임시 승인을 받아 집행할 수 있지만 2주 이내에 의회통제위원회의 사후승인(사후동의)을 받지 못하면 그 명령을 철회해야 한다(제14조제2항).

통신비밀제한법률 제3조에 기한 개별사건(특정인) 대상 일반(해킹수단을 이용하지 않음) 감시 · 기록 조치와 통신비밀제한법률 제8조에 기한 국제통신 대상 일반의(해킹기술 이용하지 않음) 전략적(특정인을 대상으로 하지 않음) 감시 · 기록 조치의 경우에는 보충성(사실관계의 조사가 다른 방법으로는 가망이 없거나 현저히 어려울 것)을 요건으로 한다.

통신비밀제한법률 제3a조 및 제5a조에 의하면, 오로지 사생활의 핵심영역에 관한 정보만이 수집될 수 있는 경우에는 동 법률상의 통신비밀제한조치가 허가될 수 없고, 허가된 통신비밀제한조치에서 부수적으로 그러한 정보가 수집된 경우라면 그러한 정보는 평가될 수 없다. 그리고 제3b조 및 제5b조는 증언거부권 등이 인정되는 자 또는 사항과 관련하여 통신비밀제한조치가 청구된 경우에는 비례성원칙 충족여부를 엄격히 심사하여 통신비밀제한조치 허가여부에 대해 판단하도록 하고 있다.

한편, 연방정보부법률에 의하면, 연방정보부법률상의 '전략적 해외통신 감시 · 기록'의 명령권자는 연방정보부의 장이고, 독립통제위원회(Unabhängiger Kontrollrat)의[48] 승인이 있어야 집행될 수 있다.

---

46) 'G-10 위원회'에 대해서는 아래 제4절에서 자세히 설명한다.

47) 의회통제위원회에 대해서는 아래 제4절에서 자세히 설명한다.

48) '독립통제위원회'에 대해서는 본 장의 제4절에서 자세히 설명한다.

3 일반통신제한조치 피대상자의 특정성 요건 관련

가. 우리나라

1) 내국인 대상 통신제한조치의 경우

가) 일반적 기재사항

통비법 제7조제3항에 의해 '내국인 대상 통신제한조치'의 경우 제6조제4항이 준용되기에 '내국인 대상 통신제한조치 허가청구서'에는 통신제한조치의 종류 · 그 목적 · 대상 · 범위 · 기간 · 집행장소 · 방법 및 당해 통신제한조치가 법 제7조제1항 제1호 본문의 허가요건을 충족하는 사유등의 청구이유를 기재하여야 하고, 청구이유에 대한 소명자료를 첨부하여야 한다.

나) 피대상자 특정성 요건의 완화

그러나 제7조제3항은 '내국인 대상 통신제한조치의 허가청구' 절차에 범죄수사목적의 통신제한조치 허가절차에 관한 제6조제2항, 제4항부터 제6항까지 및 제9항을 준용하면서도 제7조제3항제2문에서《 … **제6조제2항 및 제5항 중 "각 피의자별 또는 각 피내사자별로 통신제한조치"는 각각 "통신제한조치"로 본다.** 》고 함으로써 범죄수사목적의 통신제한조치와 달리, '안보목적의 내국인 대상 통신제한조치 청구'시에는 청구서에서 피대상자 특정성 요건을 완화하고 있다.

2) 외국인 대상 통신제한조치의 경우

가) 일반적 기재사항

통비법 제7조제3항은 '안보목적의 내국인 대상 통신제한조치'의 경우 통신제한조치허가청구서의 기재사항을 법률에서 (준용규정을 통해) 직접 명시하고 있지만, 제7조제4항에서 "제1항제2호의 규정에 의한 대통령의 승인에 관한 절차등 필요한 사항은 대통령령으로 정한다."고 함으로써 '안보목적의 외국인 대상 통신제한조치'의 경우 허가청구서 기재사항을 시행령에서 규율하도록 하고 있다. 시행령 제8조제1항에 의하면, '안보목적의 외국인대상 통신제한조치' 허가청구를 함에 있어서는

'정보·수사기관의 장'이 국정원장에게 '안보목적의 외국인대상 통신제한조치 계획서'를 국정원장에게 제출해야 하는데, 시행령 제8조제3항에 의하면 정보·수사기관의 장이 '안보목적의 외국인대상 통신제한조치 계획서'를 작성하는 경우에는 법 제6조제4항 및 시행령 제4조가 준용된다. 법 제6조제4항이 준용되기에 '안보목적의 외국인대상 통신제한조치 계획서'에는 필요한 통신제한조치의 종류·그 목적·대상·범위·기간·집행장소·방법 및 당해 통신제한조치가 법 제7조제1항제2호 본문의 허가요건을 충족하는 사유등의 청구이유를 기재하여야 하며, 청구이유에 대한 소명자료를 첨부하여야 한다.

나) 피대상자 특정 관련 요건

'안보목적의 내국인대상 통신제한조치' 허가청구의 경우, 법 제7조제3항제2문에서《 … **제6조제2항 및 제5항 중 "각 피의자별 또는 각 피내사자별로 통신제한조치"는 각각 "통신제한조치"로 본다.** 》고 함으로써 허가청구서에서 피대상자 특정에 관한 요건을 완화하고 있다. 그러나 **시행령은 제8조에서 '안보목적의 외국인대상 통신제한조치 계획서'의 기재사항을 규율함에 있어서 피대상자 특정에 관한 요건이 완화되는지에 대해서는 명시적 규정을 두지 않고 있다**.

3) 현행법의 문제점

우리 현행 통비법은 '안보목적의 내국인대상 통신제한 조치'의 경우, 피대상자 특정성 요건을 완화하고 있지만, 피대상자 특정이 어느 정도로 완화될 수 있는지에 대해서는 명확히 하지 않고 있다. 한편, '안보목적의 외국인대상 통신제한 조치'의 경우 허가청구서(계획서)의 기재 사항을 시행령에서 규율하도록 하면서 시행령에서는 피대상자 특정성 요건을 완화한다는 명문 규정을 두지 않고 있다. 이에 따라, 해외 입법례를 살펴보면 내국인대상 통신제한조치에 비해 외국인대상 통신제한조치에서 특정성 요건이 보다 더 완화될 수 있음(이에 대해서는 아래에서 상술함)에도 불구하고, 우리의 현행 통비법에서는 후자의 경우 전자에 비해 특정성 요건이 보다 더 완화될 수 있음이 법령에서 명시적으로 표현되지 않고 있을 뿐만 아니라, 후자의 경우 어느 정도로 특정성 요건이 완화될 수 있는지도 명확하지 않다. 예컨대 외국소재 특정 외국인을 대상으로 하는 것이 아니라, 피대상자인 외국인을 특정하지 않으면서 '외국에서 외국인들 간에 이루어지는 통신'에 대해 일반통신제한조치가 가능한지가 명확하지 않다.

나. 해외 입법례

1) 영국

가) '대상특정 가로채기 영장'에서의 특정성 요건

IPA 제17조에 의하면, 대상특정 가로채기 영장은 그 대상(subject)이 무엇을 대상으로 하여 그리고 어느 정도로 특정되는지에 따라 이른바 '비-테마틱 대상특정 가로채기 영장(targeted non-thematic interception warrant)'과 '테마틱 대상특정 가로채기 영장(targeted thematic interception warrant)'으로 나뉜다.[49]

'비-테마틱 대상특정 가로채기 영장(targeted non-thematic interception warrant)'은 그 대상(subject)이 특정인(a particular person), 특정의 조직(a particular organisation) 또는 특정 건물·장소(a single set of premises)로 특정되는 경우이다(제17조제1항). 특정"인(person)"에서 '사람'이란 법인을 포함한다.[50] 또한 여기서 특정인이란 그 자가 특정되면 족한 것이지 반드시 성명으로 대상자가 특정되어야 하는 것은 아니다.[51] '조직'이란 법인뿐만 아니라, 법인에 해당하지 않는 단체(entities), 또는 인적 그룹을 포함한다. 따라서 영장의 피대상자가 '회사명'으로만 특정되는 것도 가능하다.[52] 특정인 또는 특정의 조직으로 영장의 대상이 특정되지 않고, '특정의 건물·장소'로 특정된 경우에도 '비-테마틱 특정 가로채기 영장'에 해당한다. 예컨대 어느 장소, 이동 가능한 구조물, 차량, 선박 등으로 특정된 경우가 그러하다.[53]

'테마틱 대상특정 가로채기 영장'이란 통신가로채기의 대상이 ① '특정 활동을 행하는 공동의 목적을 가진 인적 그룹'으로 특정된 경우, ② '어떤 하나의 조사사

49) Home Office, Interception of Communication - Code of Practice, June 2025, p. 21.
50) Home Office, Interception of Communication - Code of Practice, June 2025, p. 21.
51) Home Office, Interception of Communication - Code of Practice, June 2025, p. 21.
52) Home Office, Interception of Communication - Code of Practice, June 2025, p. 21.
53) Home Office, Interception of Communication - Code of Practice, June 2025, p. 21.

안 또는 조사활동을 위해 영장에서 다수인 또는 다수 조직 또는 다수의 건물·장소를 대상으로 특정하는 경우' 또는 ③ 어떤 테스트나 훈련 활동을 위해서 그 테스트 또는 훈련으로 특정되는 경우를 말한다(제17조제2항 참조).[54] '테마틱 대상특정 가로채기 영장'은 특정인, 특정 조직 또는 특정 건물·장소를 대상으로 하는 여러 영장이 발부되도록 하는 것이 사안에 적합하지 않은 경우 또는 사안의 조사 또는 그 활동의 특성상 테마틱으로 대상이 특정되는 것이 사안에 가장 적합한 경우에 인정되는 것이다.[55]

나) '테마틱 대상특정 가로채기 영장'과 대상불특정 가로채기 영장의 차이점

'**대상불특정(대량)** 가로채기영장(Bulk interception warrants)'이란 영장의 주된 목적이 '**해외관련 통신**(overseas-related communication)'의 내용을 가로채거나 그러한 통신의 2차적 데이터를 취득하는 것으로서 사람, 조직, 건물·장소로 특정되지 않은 영장을 말한다. '대상불특정(대량) 가로채기 영장'이란 영장에 기재된 원거리통신 운영자에게 그의 소지 하에 있는 의사소통데이터 또는 그가 취득할 수 있는 의사소통데이터를 취득하여 정보기관장에게 인계하는 것을 허가하거나 요구하는 영장이다(제158조제5항 및 제6항).

제161조에 의하면, '대량 의사소통데이터 취득 영장'에는 그 영장에 의해 취득한 '대량 의사소통데이터'를 조사를 위해 선별할 수 있는 기준인 '활동 목적(operational purpose)'이 특정되어야 한다.[56] 영장에 의해 취득된 의사소통데이터는 영장에 기재된 활동목적에 부합하는 데이터들만이 선별되어 조사될 수 있고(제172조), 활동목적에 부합하지 않는 데이터를 조사하기 위해 선별하는 행위는 약식명령으로 기소될 수 있는 범죄에 해당한다(제173조). '대상특정 검사 영장'이란 '대상불특정 가로채기 영장'에 의해 수집된 정보를 검색하기 위해서 발부되는 영장을 말한다.

'대상특정 영장'의 한 유형인 '테마틱 대상특정 영장(thematic targeted warrants)'과

54) Home Office, Interception of Communication - Code of Practice, June 2025, p. 22.

55) Home Office, Interception of Communication - Code of Practice, June 2025, p. 22.

56) '안보정보기관의 장'은 '활동목적 리스트'를 작성·관리하여야 하고, 영장에 기재되는 '활동목적'은 활동목적 리스트에 열거되어 있는 활동목적에 해당하여야 한다.

‘대상불특정(대량) 영장’은 본질적으로 다르다. 전자는 영장의 대상을 특정의 사람, 조직, 건물·장소로 특정하는 것이 불가능하지 않지만, 사안의 특성상 그 대상을 영장에서 모두 특정하는 것이 적절하지 않아 특정의 사항·주제로 특정되는 것인데 반해, 후자는 사람, 조직, 건물·장소로 영장의 대상을 특정하는 것이 요구되지 않는 경우를 말한다.[57)]

2) 미국

가) 미국 내에 존재하는 해외세력 또는 해외세력의 내리인에 대한 전자감시

미연방법전 제50편 제36장 제I절은 ‘국내통신’ 즉, 미국내에 존재하는 해외세력의 대리인을 대상으로 한 전자감시에 대해 규율하고 있고, 제50편 제36장 제VI절은 미국 외에 존재하는 외국인 또는 미국인을 대상으로 한 전자감시에 대해 규율하고 있다.

50 U.S. Code § 1804 및 § 1805에 의하면, 미국 내에 존재하는 해외세력 또는 해외세력의 대리인에 대한 전자감시가 허가되기 위해서는 영장청구서 및 영장에 전자감시의 대상자(target)가 특정되어야 한다. 전자감시 대상의 신원(identity)을 알 수 있는 경우에는 신원이 명시되어야 하지만, 신원이 불명인 경우에는 대상자를 특정할 수 있을 정도로 대상이 묘사되면 족하다.

나) 미국 외부의 사람에 대한 타겟팅 절차

미연방법전 제50편 제36장 제VI절(= FISA 제VII장)은 ‘미국 외부에 존재하는 사람에 대한 정보수집조치 관련 추가적인 절차’에 대해 규정하고 있다.

(1) 미국 외부의 외국인을 대상으로 하는 “획득”

50 US Code § 1881a는 ‘미국인이 아닌 미국 외부의 사람을 타겟팅하는 절차’에 대해 규정하고 있다. § 1881a 제(a)항에 의하면, 법무부장관과 국가정보국장은, 미국 외부에 있는 사람만을 표적으로 삼고, 통신의 어느 당사자도 정보수집 당시에 미국에 있지 않는 것으로 여겨지는 외국인만을 타겟으로 하고(타겟팅 절차), ‘최소화

57) Equipment Interference Code of Practice, p. 98면.

절차'를 충족하면서, 미국 수정헌법 제4조에 합치할 수 있는 "검색"절차(querying procedures)를 마련하여 FISA법원에 서면의 '인증서(certification)'와 '진술서(affidavit)'를 제출하여 FISA법원의 명령 또는 결정을 통해 그러한 사람에 대한 전자감시를 할 수 있다.

"검색 · 질의(query)"란 법원의 승인을 받아 행해진, 이러한 외국인을 대상으로 한 전자감시를 통해 취득한 미국인의 또는 미국인과 관련된 전자적 통신 데이터 저장 시스템에 있는 최소화되지 않는 내용 또는 비내용을 검색하기 위해 하나 이상의 용어를 사용하는 것을 말한다. 법무부장관은 국가정보국장과 협의하여 채택된 '검색 · 질의(query) 절차'에서 미국인 관련 검색어가 사용된 경우 기술적으로 기록되도록 하는 검색 · 질의(query) 절차를 마련하여야 한다. 연방수사국에서 채택한 검색 · 질의(query)절차는 획득한 정보에서 오직 범죄활동의 증거를 찾거나 추출하고자 하는 목적의 검색 · 질의는 금지되어야 한다. 그러나, 그러한 질의가 생명이나 심각한 신체적 피해에 대한 위협을 완화하거나 제거하는 데 도움이 될 수 있는 정보를 검색할 수 있다는 합리적인 믿음이 있는 경우의 검색 · 질의이거나, 소송 사건과 관련하여 제출 또는 보존해야 하는 정보를 식별하거나 미국 또는 그 주의 법률에 따라 형사사건에 대한 증거개시 의무를 이행하는 데 필요한 정보인지를 확인하기 위한 검색 · 질의인 경우에는 허용된다. 연방수사국(FBI) 직원은 제(a)항에 따라 허가된 인수를 통해 얻은 최소화되지 않은 내용정보 또는 비내용정보에 대해 미국인 관련 검색 · 질의어를 이용하여 검색 · 질의하고자 하는 경우에는 그러한 최소화되지 않은 내용정보 또는 비내용정보에 접근할 권한이 있는 연방수사국 감독관(또는 동등 이상의 직급의 직원) 또는 변호사로부터 사전승인을 받아야 한다. 그러한 사전승인 없이 미국인 관련 검색 · 질의어를 이용하여 검색하는 것은 그러한 검색 · 질의를 통해 생명에 대한 위협이나 심각한 신체적 피해를 완화하거나 제거하는 데 도움이 될 수 있다고 합리적으로 믿는 경우에만 가능하다. 연방수사국 국장은 연방수사국이 의회 의원의 이름이나 기타 개인식별정보라고 합리적으로 믿어지는 질의어를 사용하여 질의를 실시한 경우, 즉시 해당 의회 지도부[58]에 통보해야 하

58) '의회지도부'란 의회 정보위원회 위원장과 소수당 간부 위원들, 하원의장이자 소수당 대표, 상원의 다수당 및 소수당 원내 대표를 의미한다고 명시하고 있다.

며, 또한 그러한 질의의 대상인 의원에게도 통보해야 한다. 다만 이러한 통보를 함에 있어서 연방수사국장은 기밀 정보, 출처 및 방법, 국가안보의 보호를 적절히 고려해야 하는데, 그러한 통보가 진행 중인 국가안보 또는 법집행 조사를 방해할 것이라고 판단되는 경우에는 그러한 통지를 유예할 수 있지만, 그러한 통보가 관련 국가안보 또는 법집행 조사를 방해하지 않는다고 판단하는 날짜 또는 해당 조사가 종료되는 날짜 중 빠른 날짜에 그러한 통보를 해야 한다. 연방 수사국은 의회 의원에 대한 반첩보 위협에 대한 방어에 관한 브리핑 내용을 보완하는 단독 목적으로 해당 의원의 이름 또는 제한된 개인정보를 검색·질의어로 사용하여 검색을 수행할 수 없지만, 해당 의원이 그러한 검색어사용에 동의하는 경우 또는 연방수사국 부국장이 그러한 질의를 실시할 만큼 충분한 긴급 상황이 존재한다고 판단하는 경우에는 가능하다. 연방수사국 국장은 의회 의원의 동의요청서를 제출한 후 3영업일 이내에 해당 의원이 동의했는지 여부와 관계없이 해당 의회 지도부에 통보해야 하고, 긴급 상황의 존재를 근거로 동의없이 검색을 실시한 경우 3영업일 이내에 연방수사국 국장은 해당 의회 지도부에 통보해야 한다. 긴급상황이 아닌 경우 연방수사국 직원은, ① 미국 선출 공무원, 대통령이나 주지사가 임명한 사람, 미국 정치 후보, 미국 정치 조직 또는 그러한 조직에서 두각을 나타내는 미국인, 또는 미국 언론 조직이나 그러한 조직의 회원인 미국인을 식별하는 것으로 합리적으로 믿어지는 검색어를 검색에 사용하는 경우, 연방 수사국 부국장의 승인을 받아야 하고, ② 미국 종교 단체나 그러한 단체에서 저명한 미국인을 식별하는 것으로 합리적으로 믿어지는 검색어를 검색에 사용하는 경우, 연방수사국 변호사의 승인을 받아야 하고, ③ 해당 행위에 일괄 작업 기술(또는 후속 도구)이 관련된 경우 연방수사국 변호사의 승인이 필요하다.

§ 1881a 제(a)항에 따라 FISA법원에 의해 승인된 해외 소재 외국인에 대한 전자감시의 수행을 위해 법무부장관과 국가정보국장은 해당 전자통신서비스제공자에게 협조를 지시할 수 있고, 그러한 협조를 제공하는 전자통신서비스제공자에게 시중의 요율로 보상하여야 한다. 그러한 협조 지시에 따라 협조한 전자통신서비스제공자는 그러한 협조와 관련하여 어떠한 책임을 부담하지 않는다. 협조지시를 받은 전자통신서비스제공자는 FISA법원에 이의신청을 할 수 있고, FISA법원은 이의신

청을 검토하여 협조지시를 확정, 수정 또는 취소할 수 있으며, 전자통신서비스제공자가 FISA법원에 의해 명령된 협조지시를 이행하지 않는 경우 법원은 법원모독죄로 처벌할 수 있다.

(2) 미국 외부의 미국인을 대상으로 하는 특정의 "획득"

50 US Code § 1881b는 '미국 외부의 미국인을 대상으로 하여 미국 내에서 이루어지는 전자감시'에 대해 규정하고 있다.

미국 외부에 존재하는 것으로 합리적으로 믿어지는 미국인이 외국세력, 외국세력의 대리인, 또는 외국세력의 임원이나 직원에 해당한다는 믿음을 정당화하는 사실 및 상황이 기재된 선서진술서, 제안된 최소화절차에 대한 설명, 수집하려는 정보의 특성과 수집 대상이 되는 커뮤니케이션이나 활동의 유형에 대한 설명, 법무부장관 또는 연방공무원이 작성한 인증서 등을 포함하는 신청서를 제출하여 법무부장관의 승인을 받은 후 FISA법원에 그러한 해외 존재 미국인에 대한 전자감시를 신청할 수 있다. FISA법원은 그 사람이 해외에 있고, 외국세력 등에 해당한다고 믿을 상당한 원인(probable cause)이 인정되고, 다른 요건을 충족하는 경우 그러한 전자감시를 승인한다. 긴급성이 인정되는 경우에는 법무부장관이 법원의 명령없이 전자감시를 수행하고, 법원의 사후승인을 받을 수 있다.

위 조항에 의한 전자감시 명령은 그 미국인이 명령의 유효기간 내에 미국 내에 거주하는 것으로 합리적으로 추정되는 기간 동안에는 전자감시가 중단되고, 그 미국인이 해외에 존재하는 기간에만 전자감시가 집행된다. 전자통신서비스제공자에 대한 협조지시, 협조지시 이행에 따른 전자통신서비스제공자의 책임면제 등에 관한 사항은 앞에서 설명한 것과 동일하게 적용된다.

3) 독일

가) '개별인(특정인) 대상 통신 감시 · 기록' 청구사유 및 청구서의 기재 사항

(1) 청구사유

통신비밀제한법률 제3조에 의하면, ① 누군가 동조 제1항 각호에 나열된 범죄를 계획하거나, 범하는 중이거나 범하였다는 혐의에 대한 사실적인 근거가 존재하는 경우 또는 ② 누군가 자유민주주의 기본질서 또는 연방이나 주의 존립·안전을 해하는 것을 내용으로 하는 범죄를 범하는 것이 조직의 목적 또는 활동인 그러한 조직의 구성원으로 활동한다는 혐의에 대한 사실상의 근거가 존재하는 경우 그 피혐의자를 대상으로 허용된다. 제3조제1항에 나열된 범죄는 다음과 같다: ① 평화에 대한 죄와 내란죄(「형법」 제80조a~제83조), ② 민주적 법치국가 위해죄(「형법」 제84조~제86조, 제87조~제89조b, 제89조c 제1항~제4항, 「단체법」[59] 제20조 제1항 제1호~제4호), ③ 간첩 및 외환의 죄(「형법」 제94조~제96조, 제97조a~100조a), ④ 국방에 대한 죄(「형법」 제109조e~제109호g), ⑤ 독일에 주둔하는 북대서양조약 회원국인 외국의 군대의 안전에 대한 죄(「형법」 제87조, 제89조, 제94조~제96조, 제98조~제100조, 제109조e~제109조g, 「나토군대보호법」[60] 제1조), ⑥ 「형법」 제129조a~제130조의 죄 및 자유민주주의 기본질서, 연방이나 주의 존립이나 안전을 해치는 것을 목적으로 하는 「형법」 제211조, 제212조, 제239조a, 제239조b, 제306조~제306조c, 제308조 제1항~제3항, 제315조 제3항, 제316조b 제3항, 제316조c 제1항·제3항의 죄, ⑦ 「외국인체류법」 제95조 제1항 제8호의 죄, ⑧ 독일연방공화국의 내적 또는 외적 안전, 특히 매우 중요한 기관의 핵심부를 해치는 것을 목적으로 하는 「형법」 제202조a, 제202조b, 제303조a, 제303조의 죄, ⑨ 「국제형법」 제13조의 죄이다.

또한, 「세관수사법」(Zollfahndungsdienstgesetz) 제23조a 제1항과 제3항에서 열거한 죄[61]를 계획하거나 범하는 중이거나 이미 범하였다고 볼만한 사실상의 근거가 있는 때에는 독일 영해 밖에 있는 독일 선박상의 전기통신설비를 대상으로 일반감시·기록조치가 허용될 수 있다(제3조 제1a항).

제3조 제2항에 의하면, 제3조제1항에 의한 전기통신 감시·기록 조치는 사실관

---

59) 「단체법」(Vereinsgesetz)의 정식명칭은 「사회단체규제법」(Gesetz zur Regelung des öffentlichen Vereinsgesetz)이다.

60) 「나토군대보호법」(NATO-Truppen-Schutzgesetz)의 정식명칭은 「형법 및 질서위반법을 통한 북대서양조약군대의 보호에 관한 법률」(Gesetz über den Schutz der Truppen des Nordatlantik durch das Straf- und Ordnungswidrigkeitenrecht)이다.

61) 「전쟁무기 통제에 관한 법률」 제19조(핵무기에 관한 처벌규정), 제20조(생화학무기에 관한 처벌규정), 제20조a(대인지뢰 및 집속탄에 관한 처벌규정, 제22조a(기타 처벌규정) 등을 위반하는 범죄를 말한다.

계의 조사가 다른 방법으로는 가망이 없거나 현저히 어려운 경우에 한해 명령될 수 있고, 피혐의자 또는 피혐의자를 위하여 소식을 받아 주거나 전달하는 사람 또는 피혐의자가 이용하는 통신의 소유자를 대상으로 해서만 이루어질 수 있다.

(2) 청구서의 기재사항

신청서에는 신청사유가 기재되어야 하며, 명령에 필요한 모든 사항이 포함되어 있어야 한다(제9조 제3항). 개별사건 대상 감시 · 기록(제3조)은 피혐의자인 특정인을 대상으로 해서만 인정되기에 피대상자가 특정되어야 한다(제3조 및 제11조 참조). 그러나 피대상자가 특정되면 족하고, 피대상자의 신원이 밝혀져야만 '개별사건(특정인) 대상 감시 · 기록'조치가 청구 · 허가될 수 있는 것은 아니다.[62]

전기통신 감시 · 기록의 경우에는 전화번호 또는 기타 통신연결 식별 부호 또는는 대상단말기(통신비밀제한조치가 그 대상단말기에 대해서만 이루어지는 경우) 식별부호가 기재되어야 한다(제10조 제3항). 신청서에는 또한, '사실관계의 조사가 다른 방법으로는 가망이 없거나 현저히 어려운 이유'가 기재되어야 한다(제9조 제3항).

(3) 명령(허가) 여부 판단 및 명령(허가)서의 기재사항

제3조 제2항에 의하면, 제3조제1항에 의한 전기통신 감시 · 기록 조치는 사실관계의 조사가 다른 방법으로는 가망이 없거나 현저히 어려운 경우에 한해 명령될 수 있고, 피혐의자 또는 피혐의자를 위하여 소식을 받아 주거나 전달하는 사람 또는 피혐의자가 이용하는 통신의 소유자를 대상으로 해서만 이루어질 수 있다.

명령서에는 명령의 근거와 통신비밀제한조치를 행할 권한을 가진 부서를 명시해야 하며 제한조치의 종류, 범위, 기간을 정해야 한다. 개별사안에서의 감시 · 기록(제3조)의 경우에는 감시 · 기록의 대상이 되는 사람을 표시해야 한다. 전기통신감시의 경우에는 전화번호, 기타 전기통신설비의 번호, 또는 단말기의 번호를 명시해야 한다.

---

62) MüKoStPO/Günther/Rückert, 2. Aufl. 2025, G10 § 3 Rn. 17.

나) 전략적 전기통신 감시 · 기록

(1) 통신비밀제한법률상의 '전략적 전기통신 감시 · 기록'

(가) '전략적 전기통신 감시 · 기록'의 의미 및 청구사유

통신비밀제한법률상의 '전략적 전기통신 감시 · 기록'이란 특정인을 대상으로 하는 전기통신의 감시 · 기록이 아니라, 국제통신을 대상으로 하여 이른바 "대량감시"의 방법으로 즉, 수많은 통신참여자들이 참여하는 통신에 대해서 명령서에서 정해진 '검색어'를 통해서 그에 해당하는 통신내용을 감시 · 기록하는 것이다.[63][64] '전략적 전기통신 감시 · 기록'은 다음과 같은 3단계로 이루어진다: 1단계로 해당 해외통신에 관한 모든 통신내용이 감시 · 기록되어 수집된다. 2단계로, 검색어와 관련된 사항만이 필터링된다. 3단계로 검색어에 의해 필터링된 정보들이 연방정보부 직원들에 의해 분석 · 평가된다.[65]

통신비밀제한법률 제5조에 의하면, '전략적 전기통신 감시 · 기록'은 '제5조제1항에 나열된 다음의 행위: ① 독일연방공화국에 대한 무장공격 행위, ② 독일연방공화국과 직접 관계되는 국제테러공격 행위, ③ 「전쟁무기의 통제에 관한 법률」이 정한 전쟁무기의 국제적 유포 행위 및 물자 · 정보처리프로그램 및 기술의 중대한 불법 국제거래 행위, ④ 마약을 유럽연합의 영역으로 영업적 · 조직적으로 불법 수입하는 행위로서 독일연방공화국과 관련되는 행위, ⑤ 외국에서 통화를 위조해 유로화의 가치안정성을 침해하는 행위, ⑥ 국제적 · 조직적으로 실행되는 중대한 자금세탁 행위, ⑦ 외국인을 유럽연합의 영역으로 영업적 · 조직적으로 밀입국시키는 행위로서 독일연방공화국과 관련되는 행위, ⑧ 악성프로그램 또는 이와 유사하게 유해한 정보기술수단을 사용하여 국제적으로 실행하는, IT시스템의 신뢰성, 통일성, 사용가능성에 대한 범죄적 · 테러적 · 국가적 공격 행위로서 독일연방공화국과 관련되는 행위'에 대한 위험을 적시에 인지하여 그러한 위험에 대응하기 위해서 사실관계에 관한 정보의 수집이 필요한 경우에 허용된다.

---

63) MüKoStPO/Günther/Rückert, 2. Aufl. 2025, G10 § 5 Rn. 1.

64) "전략적"이라는 용어는 해당 조치의 성격을 제대로 나타내 주지 못하는 부적절한 용어라는 비판은 MüKoStPO/Günther/Rückert, 2. Aufl. 2025, G10 § 5 Rn. 3 참조.

65) MüKoStPO/Günther/Rückert, 2. Aufl. 2025, G10 § 5 Rn. 3.

(나) 허가 여부 판단 및 청구서·허가서의 기재사항

'전략적 전기통신 감시·기록'은 패킷으로 전송되는 국제통신에 적용된다. 청구서·허가서(명령서)에는 '제5조제1항에 나열된 위험상황과 관련되고 그에 특화된 검색어'가 적시되어야 한다(제5조제2항). 특정인의 통신연결을 목표로 함으로써 신원을 파악케 하는 검색어 예컨대 성명, 전화번호 또는 이메일 주소와 같은 것뿐만 아니라, 별명 또는 IP주소와 같이 신원이 파악될 수 있도록 하는 검색어는[66] 허가될 수 없고, 사생활의 핵심영역과 관련되는 검색어도 허가될 수 없다(제5조제2항).

그러나 제5조제2항에 의하면, "**통신의 소유자 또는 정기적 이용자가 독일인인 통신이** 목표로 될 수 있는, 해외에서의 통신이 **대상에서 배제되는 한**, 그러한 해외에서의 통신"만을 대상으로 하는 경우라면, 위와 같은 검색어제한은 적용되지 않는다. 이에 따라 해외에 소재하는 독일 회사에서 일하는 독일인의 통신은 적용대상이 될 수 없다.[67]

제8조에 기한 '외국에 있는 사람의 생명 또는 신체에 관한 위험'을 이유로 하는, 국제통신에 대한 '전략적 감시·기록'은 사실관계의 조사가 다른 방법으로는 가망이 없거나 현저히 어려운 경우에 한해 인정된다. 제8조에 기한 '국제통신에 대한 전략적 감시·기록'은 예컨대 해외 소재 독일 국민에 대한 납치사례와 같이, 통신비밀제한법률 제5조제(1)항제1호 내지 제8호에 열거된 국가안보위해사안에는 해당하지 않지만, 해외 소재 독일 국민에 대한 생명·신체에 대한 위험 사안으로서 국제통신 감시·기록의 필요성이 인정되는 경우에 보충성 원칙을 요건으로 하여 국제통신에 대한 전략적 감시·기록을 인정하고 있는 규정이다.

제5조(전략적 감시·기록)와 제8조(외국에 있는 개인의 생명 또는 신체에 대한 위험)의 경우에는 명령(서)에서 검색어를 지정해야 한다. 아울러 정보를 수집하는 지역과 감시·기록의 대상이 되는 통신채널도 지정해야 하며, 이 통신채널 중 어느 부분이 감청되는지도 정해야 한다. 전략적 감시·기록을 하는 경우 감시·기록되는 부분은 통신채널의 최대 100분의 20에 달할 수 있다.

---

66) MüKoStPO/Günther/Rückert, 2. Aufl. 2025, G10 § 5 Rn. 27.

67) MüKoStPO/Günther/Rückert, 2. Aufl. 2025, G10 § 5 Rn. 29.

(2) 연방정보부법률상의 외국인에 대한 전략적 전기통신 감시

(가) 개관

독일 연방정보부는 국가안보와 관련되는 외교·안보정책 관련 정보를 다루는 안보정보기관인데, 연방정보부법률에 의하면, 연방정보부는 **외국에 있는 외국인에 의한 통신을 대상으로 하여** "전략적 해외통신감시'를 할 수 있다. "전략적"이란 앞에서 설명한 바와 같이, 특정인을 대상으로 한 통신감청을 의미하는 것이 아니라, 특정인을 대상으로 하지 않으면서 검색어를 이용하여 통신내용 정보를 취득하는 활동을 말한다. 연방정보부법률은 제4장(제19조 내지 제62조)에서 "기술적 규명활동(Technische Aufklärung)"이라는 장제목하에 '전략적 해외통신감시'에 대해 규율하고 있는데, 제1절에서는 "전략적 해외통신감시에서 개인정보처리"에 대해 규율하고 있고, 제2절에서는 "전략적 해외통신감시에서 수집한 개인정보의 전달·공유"에 대해 규율하고 있으며, 제3절에서는 "전략적 해외통신감시에서의 협력"에 대해, 제4절에서는 "특별한 유형의 기술적 규명활동"에 대해, 제5절에서는 "독립적 법적 통제"에 대해, 제6절에서는 "통지 및 평가"에 대해 규율하고 있다. 연방정보부법률 제4장 제4절의 '특별한 유형의 기술적 규명활동'이란 해킹과 같은 기술적 침입수단을 투입한 정보수집활동 즉, 온라인 수색을 말한다. 따라서 연방정보부법률 제4장은 '기술적 규명활동'이라는 장제목 하에 온라인수색에 해당하지 않는 전략적 해외통신감시와 온라인수색에 해당하는 전략적 해외통신감시를 함께 규율하고 있는데, 온라인수색에 대해서는 제3장에서 다룬다.

(나) 온라인수색에 해당하지 않는, 전략적 해외통신감시의 허용 요건

연방정보부법률 제19조에 의하면, '전략적 해외통신감시'란 연방정보부가 자신의 직무 수행을 위해서 기술적 수단을 이용하여 외국에 있는 외국인의 통신내용데이터를 사전에 명령을 받은 전략적 정보활동조치(strategische Aufklärungsmaßnahmen)에 근거하여 처리하는 것을 말하는데, 연방정보부는 연방정부의 정책 보고를 위해서 또는 외국으로부터 임박한 국제적 의미가 있는 위험을 조기에 인식하기 위해서 전략적 해외통신감시를 할 수 있다. 제23조에 의하면, 전략적 해외통신감시의 명령권자는 연방정보부의 장 또는 연방정보부의 장의 대리인이지만, 독립위원회

(Unabhängiger Kontrollrat)가 그 명령의 적법성에 대해 심사한 후에만 전략적 해외통신감시조치가 집행될 수 있다. 긴급한 경우에는 명령의 적법성 심사가 '독립위원회의 법원유사기구'에 소속된 1인의 위원에 의해 임시로 이루어져 해외통신감시조치가 집행될 수 있지만, 독립위원회의 사후승인을 받아야 하고, 독립위원회의 사후승인을 받지 못하면 그 명령(조치)은 실효된다.

제23조에 의하면, 전략적 해외통신감시조치 명령서에는 그 조치의 목적, 조치를 통해 규명하고자 하는 사항 · 테마(Aufklärungsthema), 지리적 초점, 기간, 인정근거가 명시되어야 한다. 제23조 제(7)항에 의하면, 전략적 해외통신감시 조치는 독일인, 독일 법인 또는 독일에 소재하는 사람에 대한 개인정보 수집을 목적으로 허가될 수는 없다. 제23조 제(8)항에 의하면, 무제한적인 전략적 해외통신감시는 인정될 수 없고, 전략적 해외통신감시의 대상이 되는 통신네트워크는 존재하는 통신네트워크의 30% 이상을 초과할 수 없다. 전략적 해외통신감시에서 내용데이터의 수집은 검색어에 의해서만 허용된다. 검색어는 특히 회선번호, 전송의 서명(특정한 기술적 파라미터), 지리적 영역, 내용 검색어 또는 비공개 이용자 그룹의 특정한 전기통신망일 수 있다. 검색어는 또한 이전의 분석 결과에 기인한 검색어의 견본일 수도 있다. 실무에서는 연방정보부가 이용한 검색어의 경우, 상당한 부분에서 형식적 검색어가 중요하다. 즉 일반적으로 전기통신표지가 중요하다. 이에 대해서 내용 검색어, 즉 특정한 개념이 전기통신내용에서 검색되는 검색어(예를 들어 폭발물 제조를 위해서 이용된 화학 결합)는 경미한 범위에서 사용된다. 이러한 방식이 허용되기 위해서는 연방정보부의 활동을 위한 직무와 관련이 있는 통신만이 수집되고, 내용 검색어가 오로지 우연히 내지 정보기관과 관련이 없는 사실관계를 근거로 사용되는 사람의 통신은 수집되지 않는다는 점이 보장되어야 한다(연방정보부법률 제19조 참조).

다. 검토 및 개선방안

1) 해외 입법례의 시사점

비교법적으로 검토한 국가들에서는 통신내용 취득을 목적으로 하는 통신(비밀) 제한조치에서 원칙적으로 특정 '사람'을 대상자로 하도록 하고 있지만, 국내 통신 또는 내국인을 대상으로 하는지, 아니면 내국인과 외국인의 통신을 대상으로 하는지, 순전히 해외 소재 외국인의 해외 통신을 대상으로 하는지에 따라 피대상자 특정성 요건의 정도를 달리하고 있다.

영국은 사람을 대상으로 특정하는 것 외에 '조직'과 '건물·장소'로 특정하는 것을 허용하면서도, 내국인들 간의 통신인 경우 '특정 활동을 함께 하려는 목적을 가진 다수인, 다수의 조직'을 대상으로 특정하는 것을 허용하고 있다. 그리고 '해외 관련 통신' 즉, '영국제도(Britisch Islands) 외에 있는 사람에 의해서 송신된 통신 또는 영국제도 외에 있는 사람이 수신한 통신'과 해외에서 외국인들 간에 이루어진 통신에 대해서는 대상을 특정하지 않고 '검색어'를 통해 대량으로 정보를 수집하는 것을 허용하고 있다. 이는 독일의 경우에도 마찬가지이고, 미국도 그러하다.

2) 개선방안

우리나라는 '내국인 대상 통신제한조치'(당사자 일방이 명확히 내국인인 경우)에서 어느 정도로 특정성 요건이 완화될 수 있는지를 명확히 하지 않고 있는데, 영국과 유사하게 영장의 대상에 관한 정의 규정을 도입하여 내국인 간의 통신인 경우에도 반드시 특정인으로 특정될 필요 없고, 조직이나 건물·장소 또는 공동의 목적을 가지고 행동하는 다수인, 인적 그룹이나 다수의 조직으로 특정하는 것도 가능하다는 것을 법률에서 명시하는 것이 적절해 보인다. 내국인과 해외 소재 외국인의 통신인 경우에는 사람으로 대상을 특정하지 않고 일정 검색어를 통해 정보를 수집하고, 검색어 및 수집된 정보의 검색·분석에 관한 기준을 법률에서 규정함으로써 '대상불특정(대량) 통신제한조치'를 도입하는 것이 바람직해 보인다. 이른바 '해외 관련 통신'에서도 대상불특정 통신제한조치가 가능하다고 할 수 있으므로, 해외 소재 외국인들 산의 통신에 대해서도 대상불특정 통신제한조치가 허용됨은 물론이고, 법률에서 이를 명확히 할 필요가 있다.

4 역외집행

가. 서설

1) 해외 소재 외국인 관련 사례에서 역외집행의 불가피성

현행 통비법은 국가 안보를 위한 통신제한조치의 통제 메커니즘을 통신 당사자의 국적에 따라 이원화하고 있으며, 이 구조는 정보수집의 효율성과 기본권 보호 측면에서 몇몇 쟁점을 발생시키고 있다. 특히 외국인만을 대상으로 하는 경우의 통제 완화는 사실상의 역외 집행 관할권 확장 문제와 불가분의 관계를 가진다. 왜냐하면 오늘날 안보위협의 속성과 영토 주권의 한계 때문이다.

외국인 또는 외국기관·단체를 대상으로 한 안보목적의 통신제한 조치는 그 활동무대가 대체로 국외에 존재하고, 관련 통신 경로 역시 해외 인프라와 외국 서버를 경유하는 것이 통상적이며 외국인 간의 통신이 빈번하게 이루어진다. 따라서 정보기관이 이러한 표적을 상정하는 순간 통신제한조치의 집행은 필연적으로 우리나라의 영토 주권을 넘어선 역외활동으로 확장된다. 이는 관할·집행의 충돌 가능성이 상시 내재한다. 통비법은 외국인 또는 외국기관·단체 등을 대상으로 하는 경우 대통령 승인을 요건으로 하는 별도 통제구조를 두어, 역외로부터 발생하는 위협에 대응하기 위한 정보수집의 필요성과 절차적 통제를 조화시키려는 입법적 선택을 보여준다. 이는 고도화된 통신 기술을 활용하고 있는 현대 안보 위협의 속성과 이에 대응하기 위한 역외 활동의 불가피성을 전제로 하되, 국가안보라는 보호법익과 국가와 국민을 위협할 수 있는 특히 중대한 위험에 대하여 정보수집을 정당화할 수 있는 규범적 근거를 확보하고 있다.

이와 같은 역외집행의 불가피성 내지 필요성은 통제의 방식을 내국인에 대한 그것과 달리하여 재설계하도록 요구한다. 정보기관의 역외 정보 수집활동은 국내 활동과 비교할 때 현실적인 제약이 훨씬 크기 때문이다. 이러한 제약 때문에 사법통제가 현실적으로 어렵거나 실효성을 전혀 확보할 수 없는 경우가 대부분이기 때문에, 결국 통제의 완화로 이어지게 된다.

국외에서 발생하는 위협에 대응하기 위해서는 신속한 대응과 기밀성이 핵심이며, 해외 사업자 혹은 해외 정보 인프라에 대한 기술적·법적 장벽은 높을 수밖에 없다. 이러한 환경에서 내국인 대상과 동일한 형태의 사법통제를 일률적으로 적용하는 것은 실효성 측면에서 한계를 드러낸다. 법원의 관할 제약, 증빙의 비대칭, 신속성 확보 곤란 등은 사전통제의 형식을 경직적으로 유지할수록 정보수집 자체의 목적 달성을 저해하기만 할 것이다.

이에 따라 입법자는 역외 정보활동에서 사전 사법적 승인을 일반원칙으로 고집하기보다, 행정부 최고책임자의 승인과 책임을 전제로 하는 구조를 채택하고, 그 보완으로 대상 · 기간 · 범위의 명확화, 사후 절차, 예외적 통지 및 파기 규정을 포함한 외부 · 사후 통제장치를 배치하는 방식을 취해 왔다. 요컨대, 역외 관할권을 실효적으로 행사하기 위해 통제의 형식은 일정 부분 완화되는 통제 매커니즘을 채택하게 된다.

2) 역외집행 관할권 확장에 따른 법적 쟁점

국가 안보의 특수성과 효율성으로 인하여 내국인 대상의 통신제한조치와는 다른 요건과 통제장치를 요구하지만, 기본권 보호의 측면에서 외국인에 대한 차등적 제한의 모습은 논쟁의 대상이 된다. 외국인에 대한 기본권 보호의 범위는 "국민만이 기본권 주체"라는 형식적 전제에 의해 일률적으로 제한되지 않는다. 헌법 제6조 제2항은 외국인의 지위를 국제법과 조약에 따라 보장한다고 규정하고, 헌법재판소도 외국인에게 권리의 성질에 따른 기본권 주체성을 인정해 왔다. 다만 '해외에 있는 외국인'의 통신을 대상으로 한 안보목적 정보수집에서 헌법상 통제의 강도를 어떻게 설계할 것인지는 국내에서 확정된 판례가 존재한다고 보기 어렵다.[68] 이 지점은 국제법상 관할권 원칙에 비추어 분석되어야 한다.

또한 역외 집행은 다른 주권 국가의 영역에서 이루어지는 것이므로 국제법적 충돌의 위험을 내포한다. 특히 통신 서비스 제공자가 제3국에 위치하거나 해당 국가의 데이터 서버에 정보가 저장되어 있는 경우[69], 정보 요청 및 수집 과정에서 해

68) 최근 독일 연방헌법재판소는 역외 통신감청에서도 기본권 보호의 원칙은 준수되어야 한다고 판시하여, 국적 · 역외 요소만으로 사전 · 사후 통제장치를 약화시키기 어렵다는 기준선을 제시하였다(BVerfG, Urteil des 1.Senats vom 19. Mai 2020 - 1 BvR 2835/17; 역외 신호정보 수집).

69) 오늘날 통신망 및 정보시스템은 복잡하게 얽혀 있어 순수한 양방 외국인 통신만을 정확히

당 국가의 데이터 주권과 상충하게 된다. 이는 국내법상 근거 규범 마련 여부를 넘어, 국제적인 사법공조 및 정보 공유 협력 체계가 필요함을 시사한다.

나. 해외 입법례

1) 미국

미국은 수정헌법 제4조의 보호를 받는 미국인과 외국인을 구분하여 적용하고 있으며[70], 개별 법령에서 정보수집절차를 이원화하고 있다. 해외정보수집에 관한 기본 법률인 해외정보감시법(Foreign Intelligence Surveillance Act; 이하 FISA)과 2008년의 해외정보감시법 개정법률(FISA Amendments Act, Section 702; 이하 FAA)[71]도 미국인과 (US Person)과 비미국인(non-US Persons)을 명확히 구분한다. 이하 역외 통신 제한조치에 관해 아래에서 살펴볼 법령이 FISA와 FAA이다.

가) FAA 제702조[72](50. U.S. Code §1881a)

본 조항은 미국 영토 외에 있는 비미국인 대상 특정인의 표적화 절차에 관한 규정이다. 해외에 있는 비미국인(non-U.S. persons abroad)을 표적으로 한 정보 수집을, 개별 영장 대신 프로그램적 승인(certification)으로 집행한다. 미국 영토 밖에 있는 비미국인(non-U.S. persons located outside the United States)을 합법적 대상(target)으로 하여 역외 외국인의 정보를 취득하는 절차를 규정하고 있다. 또한 기존 FISA의 개

분리하여 감청하기는 현실적으로 어려운 경우가 대부분이다. 역외 정보 수집과정에서 불가피하게 내국인과의 통신이나 보호되어야 할 제3자의 무관 통신이 수집될 가능성이 상존한다. 완화된 통제의 모습으로 대통령 승인 절차 하에서, 이러한 우발적 수집 정보의 처리 및 폐기 기준이 불명확할 경우 내국인의 기본권까지 간접으로 침해할 수 있으며 이는 통비법 제7조 제1항의 1호와 2호의 구분이 모호해지는 문제가 발생하게 된다.

70) 미국 수정헌법 제4조 영장주의 보호 대상을 “the people”로 규정하고 있지만 적법하게 미국에 체류하는 미국인 혹은 미국과 충분히 긴밀하게 관계가 있는 사람들로(people with sufficient connection to the U.S) 해석하여 적용한 바 있다(United States v. Verdugo-Urquidez, 494 U.S. 259 (1990)).

71) Pub. L. 110-261, 122 Stat. 2436

72) Sec. 702. Procedures for targeting certain persons outside the United States other than United States person

별 영장 대신 연1회 인증(certifications)과 표적 선정에 있어서 최소화·쿼어링 절차[73]를 마련하고 이에 대해서는 FISC(FISA Court)[74]의 사전 승인을 요구한다.[75]

타겟팅 절차에 대한 FISC의 검토는 타겟팅이 미국 외부에 위치한 것으로 합리적으로 믿어지는 대상에 제한되도록 하며[76], 발신자와 이에 수신되는 모든 수신자가 정보 수집 당시 미국에 있는 것으로 알려진 모든 통신수단에 대한 고의적인 수집을 방지하기 위함이다(미국인에 대한 의도적인 표적화 금지 보장). 이외에 최소절차(Minimization procedures)[77]와 쿼어링 절차(Querying procedures)[78]에 대해서 검토를 한다.[79]

본 조항의 주요 항목구성을 발췌하여 소개한다.

---

50 U.S.C. §1881a (FISA Amendments Act §702) 미국 영토 외 비미국인 대상 특정인 표적화 절차

(a) 인가 (Authorization): 다른 어떠한 법률 규정에도 불구하고, 법무부장관과 국가정보국장은 공동으로, 발효일로부터 최대 1년간 미국 영토 밖에 있다고 합리적으로 믿어지는 자(persons reasonably believed to be located outside the United States)를 표적(target)으로 삼아 외국정보(foreign intelligence information)를 취득한 것을 인가할 수 있다.

---

73) 부수적으로 취득되는 미국인 통신의 보관·이용·배포 제한과 미국인 식별자를 이용한 쿼어링 요건 등 사후 통제의 성격

74) 50 USC § 1803(a)(b)

75) 50 U.S. Code § 1881a Sec. 702. (j) Judicial review of certifications and procedures; 본 조항에서 인증 및 절차에 대한 사법적 검토를 규정하고 있는데, 일반사항으로 인증, 타겟팅, 최소화 절차에 대하여 검토 관할권을 갖는다. 검토는 제출된 날짜로부터 30일 이내에 완료해야 한다.

76) 50. U.S. Code §1881a Sec. 702. (j) Judicial review of certifications and procedures (2) Review (B)Targeting procedures (i) [...] limited to targeting persons reasonably believed to be located outside the United States

77) 50. U.S. Code §1801(h) 및 §1821(4) 에 따른 최소화 절차의 정의를 충족하는지를 평가

78) 50. U.S. Code §1881a(f)(1)에 따른 쿼어링 절차에 대한 검토

79) 쿼어링 절차에 있어서 2024년의 개정을 통해 FBI의 순수형사목적 질의를 일반적으로 금지하고 그 예외를 엄격화했다. 이에 관련해서는 국가정보국의 2024년 연례투명성보고서(Annual Statistical Transparency Report 2024) 참조(https://www.dni.gov/index.php/newsroom/reports-publications/reports-publications-2025/4071-astr-cy24)

(b) 제한 (Limitations): 다음 각호의 경우에는 인가해서는 안된다.

1. 합리적으로 미국 내에 있다고 믿어지는 사람을 의도적으로 표적화(intentionally target) 하는 행위
2. 미국인(U.S. person)을 의도적으로 표적화하는 행위
3. 순수하게 미국 내에서 발생하는 통신을 취득하기 위해 사용되는 행위
4. 미국 외에 있는 특정인의 식별을 가장하여 사실상 미국인을 겨냥하는 행위

(d) 타게팅 절차 (Targeting procedures): 법무부장관과 국가정보국장은 표적이 미국 밖에 있고 미국인이 아님을 보장하기 위하여 합리적인 절차를 마련해야 한다. 이 절차는 FISC의 승인을 받아야 하며, 의도적으로 미국인을 겨냥하지 않도록 설계되어야 한다.

(e) 최소화 및 쿼어링 절차 (Minimization and querying procedures): 최소화 절차를 통하여 수집 과정에서 부수적으로 취득되는 미국인 통신의 획득, 보관, 사용, 배포를 합리적으로 제한하는 절차를 마련해야 한다.

(g)-(h) 인증 및 보고 (Certifications and submissions): 법무장관과 국가정보국장은 매년 인증(certification)을 작성하여, 표적 범주, 타게팅 · 최소화 절차를 설명하고, 이를 FISC에 제출하여 승인받아야 한다.

(j) 법원의 인증 검토: FISC는 제출된 인증, 타게팅 절차, 최소화 및 질의 절차가 법률 및 헌법에 합치하는지를 심사한다. 법원은 이를 승인하거나 수정 · 거부할 수 있으며, 불복 시 FISC 항소부(FISCR)로 항고 가능하다.

나) 그 외 주요 조항에 관하여

(1) FAA Sec 703 (50. U.S. Code §1881b)[80]

본 조는 미국 영토 밖에 있는 미국인을 타겟팅으로 하되, 수집이 미국내 시설을 통해 이루어지는 경우, 즉 해외 소재 미국인 대상 수집 허가조항이다. 이 경우 역시 개별영장이 아닌 제702조 연례 인증을 통해 법무부장관과 국가정보국장은 미국외에 있는 미국인을 대상으로 전자통신을 취득할 수 있다. 단 미국 내 시설을 이용하는 경우, 예를 들어 미국 내 통신 회선이나 서버를 통해 취득하는 경우에는 FISC의 개별 영장이 필요하다. 이 영장은 기존 FISA Title I 절차에서 규정하고 있

80) Certain acquisitions inside the United States targeting United States persons outside the United States

는 개별 영장 발부 절차를 준용하며, 여기에는 구체적 표적과 사유 및 기간 등이 기재되어야 한다.[81]

(2) FAA Sec 704 (50. U.S. Code §1881c)[82]

본 조항은 미국 영토 밖 미국인 대상 표적화이지만, 전조와는 달리 미국내 시설을 사용하지 않는 경우를 다루고 있다. 즉 영토적으로는 역외, 인적 대상으로는 내국인, 취득 경로는 역외시설의 경우이다. 미국내 시설을 통하지 않더라도 미국 영토 외 미국인을 타겟팅으로 하는 경우에는 FISC의 영장이 요구된다. 신청요건은 전조에서 규정한 절차가 적용된다. 결국 제703조와 제704조는 해외에 있는 미국인 타겟팅은 어떤 경로이든 개별영장이 필요하다는 원칙을 확립하고 있다.

(3) FAA Sec 705 (50. U.S. Code §1881d)[83]

본 조항은 정보기관이 제703조와 제704조의 절차를 동시에 충족시켜야 하는 경우 병합신청(joint application)을 가능하게 한다. 동일한 타겟팅과 수집활동에 대해 별도의 중복 신청을 하지 않고 병합하여 하나의 절차로 승인받게 한다. 해외에 있는 내국인 표적 정보수집은 절차가 복잡할 수밖에 없는데 실질적 권리 보호[84]는 그대로 유지하면서 절차상 중복 부담을 줄이려는 실무적 조정장치로 이해할 수 있다.

(4) FAA Sec 706 (50. U.S. Code §1881e)[85]

본 조항은 FISA TItle VII, 즉 FAA를 통해 취득된 정보의 사용과 제한에 대한 통제 규정이라고 볼 수 있다. 이에 따르면 제702조 방식에 따라 수집된 정보에 대하여 기존 FISA의 전자감시(electronic surveillance)에 준하는 법적 지위[86]를 부여한

---

81) 이는 미국인이 해외에 있더라도 수정헌법 제4조 영장주의의 보호를 받기 때문에 개별영장을 요구하는 방식으로 보장하는 것이다.

82) Other acquisitions targeting United States persons outside the United States

83) Joint applications and concurrent authorization

84) 사실상 본 조항으로 인해 제703조와 제704조의 규정이 병합되어 진행되고 있음에도 불구하고 전2조의 조항을 통해 수정헌법 제4조에 따른 내국인 보호를 명시적으로 규정하고 있다.

85) Use of information acquired under this subchapter

86) '전자감시에 준하는 법적 지위'란, 프로그램적 대량 수집으로 취득한 정보라 하더라도 기존 전자감청(wiretap)과 동일한 증거사용 제한 · 사법적 검토 · 권리구제 절차에 종속되도록 한

다.[87] 이는 702 방식에 따른 취득 정보에 대해 FISA의 증거 사용 제한에 관한 절차(§1806 등)를 준용하는 효과를 가져온다. 따라서 미국인 관련 정보는 형사소추의 증거로 사용하기 위해 엄격한 요건을 요구하는데, FBI가 FISC영장을 통해 취득했거나, 법무부장관이 국가안보 관련 또는 중대한 범죄 관련 형사사건(serious criminal proceedings)[88]이라고 판단했을 경우에만 증거사용을 허용한다.[89] 이러한 법무부 장관의 결정은 법원의 심사대상이 아니다. 행정부의 국가안보 관련 결정에 대해서 법원의 개입은 제한된다.[90]

다) 정리

미국은 FAA를 통하여 정보기관이 오늘날 인터넷 기반 글로벌 통신 체계 하에서 감시·수집할 수 있는 법적 근거를 확립했다. 동시에 FISC의 사전승인, 의회보고, 최소화 절차 등 통제장치를 마련하여 합헌성을 뒷받침하였다. 그러나 제702조 환경에서 빈번하게 사용된 수집 절차 및 기술적 방법(대표적으로 PRISM[91], Upstream)에서 발생하는 미국인 통신의 부수적 수집(incidental collection), 데이터베이스 쿼어링(querying)[92] 문제가 지속적으로 논쟁이 되고 있다.[93]

것을 의미하며, 이는 FAA §706(50 U.S.C. §1881e)이 §702에 따른 수집 정보에 기존 FISA Title I의 전자감청 규제를 준용하도록 한 데서 확인된다.

87) §1881e(a)(1)

88) 사망사건, 납치사건, 연방형법 제18편 제1365조에서 규정하고 있는 중대한 신체적 상해, 연방법 제34편 제20911조에서 정의하고 있는 미성년자에 대한 특정 범죄, 연방법 제42편 §5195c(e)에서 규정하고 있는 중요 기반시설 무력화 혹은 파괴, 사이버보안범죄-특히 연방법 제42편 §5195c(e) 또는 제18편 §1029(접속장치 사기), §1030(컴퓨터 범죄), §2511(불법 통신감청)에서 규정된 행위, 국제범죄(transnational crime)-특히 국제 마약밀매 및 국제 조직 범죄, 인신매매

89) §1881e(a)(2)

90) §1881e(a)(2)(B)

91) FAA에 근거하여 NSA가 운용하는 정보수집 프로그램. NSA가 ISP로부터 데이터를 받는 제도 및 프로세스가 FAA에 근거하고 있다.

92) 쿼어링이란 제702조에 의해 수집된 데이터, 예를 들어 NSA가 PRISM이나 Upstream을 통해 확보한 통신내용을 검색·조회하는 행위이다. 새로운 통신을 단순히 취득(acquisition)하는 것이 아니라 축적된 데이터베이스에서 특정조건을 키워드로 검색 조회하는 것인데, 이는 미국인 식별자 키워드를 통해 영토외 외국인을 대상으로 취득된 데이터상에서 사실상 내국인

이상의 미국 외국인 대상 정보수집체계에 대해 정리하자면, 다음과 같다.

① 인적·영토적 구별을 이중적으로 설계하여 영토 내 외국인에 대해서는 기존의 FISA를 적용하여 FISC의 개별 영장에 의한 사법적 통제를, 영토 외 외국인에 대해서는 FISA Sec. 702를 적용하는 등 분리 적용 체계 수립[94]

② 구체적 개별사건에 대한 법원에 의한 개별영장이 아닌 법무부장관 및 국가정보국장의 허가에 따라 대량 감청을 허용

③ 개별 사건에 대한 사법통제가 아닌 근거 조항에 대한 인증 방식을 채택

④ 외국인 대상 정보수집에 대한 쿼어링 절차와 통제의 강화 및 수사목적의 정보로의 전용을 엄격하게 금지하고 있는 경향

⑤ 국외 외국인에 대해 광범위한 행정부 중심의 역외 정보 수집 권한을 부여

⑥ 타겟팅 절차가 누구를 대상으로 정보를 수집할 것인가에 관한 사전적 통제라면, 쿼어링 절차는 수집한 데이터베이스를 나중에 어떻게 검색·활용할 것

정보를 취득하는 결과를 야기할 수 있는 위험이 있다. 따라서 타게팅 절차와 최소화 절차만을 규정한 기존의 FISA에 2018년 쿼어링 절차를 별도로 추가하였다. 이에 따라 법무부 장관과 국가정보국장은 매년 쿼어링 절차를 마련해 FISC의 승인을 받아야 한다. 일반적으로 제한되는 경우는 다음과 같다: 미국인 이름, 전화번호, 이메일 등 미국인 식별자(identifier)를 통해 쿼어링하려면 사전에 설계된 조건과 통제를 따라야 하며, FBI에 의한 순수 형사사건 수사목적으로 쿼어링은 금지된다. 쿼어링은 외국 정보 수집 목적과 합치해야 하며 형사목적 활용은 제한된다. 2024년 FAA 재승인의 절차에서도 FBI의 쿼어링을 더욱 엄격하게 제한하였으며 사후통제를 강화하였다. 이러한 엄격한 규제는 실제 통계상으로도 드러났는데, 2024년 미국 국가정보국의 2024년 연례투명성보고서(Annual Statistical Transparency Report 2024) 참조(https://www.dni.gov/index.php/newsroom/reports-publications/reports-publications-2025/4071-astr-cy24)에 따르면 FBI의 미국인 식별자를 통한 쿼어링 건수는 2021년 수백만 건에서 2024년 5천건 수준으로 급감하였다.

93) 특히 업스트림과 관련하여, FISC가 제702조의 연례 인증 갱신 신청을 검토하는 과정에서, 제702조에 따른 업스트림을 통한 NSA의 인터넷 정보수집과정에서 미국인 개인정보 쿼어링과 관련된 다수의 우발적 사고가 보고되었다. 고의적인 것은 아니었지만 NSA는 의회와 FISC에 보고해야만 했고 이 문제를 해결하기 위해 인증신청이 연장되었다. NSA는 제702조에 따라 설계된 절차에 대한 광범위한 검토를 진행하였는데, 업스트림 방식에서 타게팅 송·수신된 이메일뿐만 아니라 관련 통신까지도 수집되고 있었다. 이에 NSA는 제702조에 따른 해외 정보 감시활동에 타겟팅에 대한 업스트림 통신은 더 이상 수행하지 않기로 결정하였다.

94) 역외성을 기준으로 구별하자면 ①영토적 역외 구분(미국 영토 내·외), ②내·외국인 구분, ③취득 경로의 역외 구분(정보통신시스템 및 시설의 미국 영토 내·외)으로 세분화할 수 있다.

인가에 관한 사후적 통제 구조
⑦ 사법통제와 행정부통제의 상호 배타성

2) 영국

영국은 2016년 「조사권한법(Investigatory Powers Act, IPA)」[95]을 제정하여 정보기관의 통신정보 수집 활동을 종합적으로 규율하였다. 기존의 「통신규제법(RIPA, 2000)」[96] 및 관련 규정을 통합하면서, 정보기관의 활동 전반에 걸쳐 명확한 법적 근거를 부여하고 있는데, 특히 IPA는 미국의 입법[97]에 이어 가장 광범위한 정보 수집 권한을 허용하는 법률로 평가받는다.

IPA가 부여하는 권한의 핵심은 통신 감청(interception), 통신자료(communications data) 확보, 그리고 대량 수집 권한(bulk powers)에 관한 명문화이다. 정보기관은 개인의 구체적 혐의와 무관하게 광범위한 국제통신을 대상으로 한 대량 감청(bulk interception)과 대량 통신자료 수집(bulk communications data)을 수행할 수 있으며, 이는 해외에 위치한 외국인 간 통신에 대한 감청까지 포함한다. 이러한 구조는 사실상 역외적 관할권을 제도적으로 정당화하며, 국가안보의 효율성을 이유로 정보기관의 권한을 대폭 강화하는 결과를 낳았다.[98]

다만 IPA는 단순히 권한을 확장하는 데 그치지 않고, 그 행사에 대한 통제 장치를 마련하려 했다. 대표적인 것이 "쌍둥이 열쇠(double-lock)"[99] 메커니즘이다. 이는 국무장관(Secretary of State)의 행정적 승인에 더해 사법위원(Judicial Commissioner)의 독립적 심사를 필수적으로 요구하는 제도로, 행정부의 필요성과 사법부의 감시를

95) Investigatory Powers Act 2016, c. 25

96) Regulation of Investigatory Powers Act 2000, c. 23

97) Foreign Intelligence Surveillance Act of 1978 (FISA), Uniting and Strengthening America by Providing Appropriate Tools Required to Intercept and Obstruct Terrorism Act, Pub. L. 107-56(USA PATRIOT Act of 2001)

98) David Anderson, A Question of Trust: Report of the Investigatory Powers Review (London: HMSO, 2015), p. 114 ff.; 본 보고서는 https://assets.publishing.service.gov.uk/media/5a7f9b66ed915d74e622b7ca/IPR-Report-Web-Accessible1.pdf 에서 확인할 수 있다.

99) Investigatory Powers Act 2016, Part 2, ss. 19-23 ("Double-lock authorization process")

결합하여 권한 남용에 대한 비판을 완화하려는 장치로 기능한다. 이러한 이중통제 절차는 법치적 정당성을 강화하려는 영국적 시도로 이해할 수 있다.

그럼에도 불구하고 IPA는 제정 직후부터 논란을 불러왔다. 무엇보다도 특정 혐의자에 대한 개별적 조사가 아니라 불특정 다수를 대상으로 한 대량 수집이 헌법상 사생활 보호 원칙과 충돌한다는 점이 문제로 지적되었다. 실제로 유럽인권재판소(ECHR)는 2018년 Big Brother Watch 사건에서 IPA의 일부 조항이 유럽인권협약 제8조(사생활 보호)에 위반된다고 판시한 바 있다.[100] 또한 외국인 간 통신을 포괄적으로 감청하는 규정은 국제법적 정당성의 측면에서도 여전히 논쟁을 불러일으키고 있다.

IPA는 국가안보의 실효성을 강화하면서 정당성을 확보하기 위해 사법적 통제를 병합한 입법적 절충의 산물이다. 동시에 그 구조는 '효율성 대 기본권'의 구조적 긴장을 내재하며, 이는 대량 감청의 허용 여부가 아니라 통제 설계의 정합성으로 논점을 이동시켰다. 이하에서는 2018년 Big Brother Watch 사건을 중심으로 역외 정보수집이 허용되는 대량감청에 대한 유럽인권재판소와 영국 사법부의 판단을 중심으로 영국 정보기관의 정보수집 근거와 통제 구조를 알아보도록 한다.

가) 사건의 배경[101]

2013년 에드워드 스노든(Edward Snowden)의 내부 고발은 미국 국가안보국(NSA)과 영국 정부통신본부(GCHQ)가 수행해 온 대규모 통신 감청 및 정보 공유 프로그램의 실체를 폭로하였다. 이 과정에서 영국이 「통신규제법(Regulation of Investigatory Powers Act, 2000, 이하 RIPA)」을 근거로 수행해 온 대량 감청(bulk interception)과 통신자료(communications data) 수집, 그리고 외국 정보기관과의 체계적인 정보 교환 사실이 드러났다.[102] IPA가 허용하는 대량 감청(Bulk Interception) 및 대량 통신 자료 수집(Bulk Communications Data) 권한은 사실상의 역외 관할권 확장을 의미하며,

100) ECtHR, Big Brother Watch and Others v. the United Kingdom, App. Nos. 58170/13, 62322/14, 24960/15, Judgment of 13 September 2018, para. 387 ff.

101) Big Brother Watch, "Submission to the European Court of Human Rights" (2013).

102) David Anderson, A Question of Trust: Report of the Investigatory Powers Review (London: HMSO, 2015), esp. Part III.

이는 유럽인권협약(ECHR) 제8조(사생활 보호)와의 충돌을 보여주었다. 이에 탐사보도 언론단체(Big Brother Watch)와 시민사회 단체들은 이러한 포괄적 정보수집이 개인의 사생활과 표현의 자유를 본질적으로 침해한다고 주장하며 유럽인권재판소에 제소하였다.

나) 주요 쟁점

본 사건에서 제기된 핵심적 쟁점은 크게 세 가지로 정리될 수 있다. 첫째, 대량감청 자체의 적법성 여부이다.[103] 영국 정보기관이 개별적 혐의자를 특정하지 않은 채 불특정 다수의 통신을 일괄적으로 수집·분석하는 방식이 유럽인권협약 제8조가 보장하는 사생활 보호의 본질적 내용을 침해하는지, 혹은 국가안보라는 공익 목적에 비추어 일정한 범위 내에서 정당화될 수 있는지가 쟁점이 되었다. 둘째, 통제와 감시 절차의 적정성 문제이다. 영국 제도는 내무장관의 행정적 승인과 사후적 감독 기구에 의존하고 있었는데, 이러한 절차가 권한 남용을 예방하고 개인의 기본권을 실질적으로 보장하는데 충분한지 여부가 문제 되었다. 즉, 감청 개시 단계에서의 사전 사법적 심사가 결여된 점, 자료의 선택·필터링 과정에 대한 외부적 감시가 미흡한 점이 핵심적으로 문제시되었다. 셋째, 언론 자유와 표현의 자유의 침해 가능성이다. 대량 감청은 탐사보도 기자와 언론단체의 정보원 보호를 직접적으로 위협하며[104], 결과적으로 취재 활동을 위축시켜 공적 사안에 관한 자유로운 정보 유통을 제한할 수 있다. 이에 국가안보 목적의 대량 감청 제도가 개인의 사생활 보호와 표현의 자유를 어느 수준에서 제한할 수 있는지, 그리고 이를 정당화하기 위해 어떠한 제도적 통제 장치가 요구되는지가 쟁점이 되었다.

다) 유럽인권재판소의 판단[105]

유럽인권재판소 전원합의체(Grand Chamber)는 2021년 5월 25일 최종 판결에서

---

103) 대량 감청의 조건부 합헌성을 최초로 인정한 유럽인권재판소의 판례로는 ECtHR, Weber and Saravia v. Germany, App. No. 54934/00, Decision of 29 June 2006

104) 언론정보원의 비밀 보호를 강조한 유럽인권재판소의 판례로는 ECtHR, Sanoma Uitgevers B.V. v. the Netherlands, App. No. 38224/03, Judgment of 14 Sept 2010

105) 판결문 원문은 https://hudoc.echr.coe.int/fre#{%22itemid%22:[%22001-210077%22]}에서 확인

영국의 대량 감청 체제에 대한 법적 평가를 최종 정리하였다. 먼저, 대량 감청 자체의 위법성 여부와 관련하여 재판소는 2018년 판결[106]과 마찬가지로 대량 감청이 원칙적으로 협약 제8조에 위배된다고 보지 않았다. 즉, 국가안보와 범죄수사라는 정당한 목적을 전제로, 기술적 환경에서 불가피하게 필요한 감청 체제는 제8조와 양립할 수 있음을 확인하였다. 그러나 그러한 합헌성은 "명확하고 접근 가능한 법적 근거"와 "충분한 법적 통제와 감독"이 존재한다는 조건 하에서만 인정될 수 있음을 강조하였다.[107]

둘째, 통제·감시 절차의 적정성에 대해 Grand Chamber는 영국의 제도적 결함을 보다 구체적으로 지적하였다. 특히 사전적 사법적 승인(judicial pre-authorisation)의 부재가 근본적인 문제임을 명확히 하였으며, 감청 대상과 검색어(selector)의 사용, 수집된 데이터의 검색·저장·공유 절차가 비례성 원칙에 따라 규제되지 않았다고 판시하였다. 또한 기자, 변호사, 의료인 등 특정 직역과 관련된 민감한 정보에 대해 별도의 보호장치가 마련되지 않은 점 역시 위헌적 요소로 지적되었다.[108]

셋째, 언론 자유와 표현의 자유 침해 여부에 관해 Grand Chamber는 Chamber 판결보다 더욱 강하게 언론인의 취재 활동과 정보원 보호에 대한 침해 위험을 강조하였다. 언론의 자유는 민주사회에서 핵심적 기능을 수행하므로, 대량 감청 제도가 언론 활동을 위축시키거나 정보원 보호를 약화시키는 경우, 협약 제10조 위반이 성립한다고 판시하였다.[109] 따라서 영국의 제도는 언론 자유에 대한 특별한 보호 장치가 결여되어 있다는 점에서 명백히 협약 위반으로 판단되었다.

마지막으로, 외국 정보기관과의 정보 공유와 관련하여, 외국 정보기관과의 정보 교환 자체는 협약상 금지되는 것이 아니지만, 정보 공유가 허용되려면 법적 근거의 명확성, 감독기구의 독립성, 남용 방지 절차 등이 마련되어야 한다는 점을 강조하였다.[110]

---

106) ECtHR, Big Brother Watch and Others v. the United Kingdom, App. Nos. 58170/13, 62322/14, 24960/15, Judgment (Chamber), 13 September 2018, paras. 314-340

107) ECtHR (Grand Chamber), Big Brother Watch and Others v. the United Kingdom, App. Nos. 58170/13, 62322/14, 24960/15, Judgment, 25 May 2021, paras. 333-340

108) Ibid., paras. 346-365

109) Ibid., paras. 446-456

라) 정리

본 판결은 대량 감청이라는 수단 자체가 현대 안보 위협 대응에 필요하다는 점을 인정하며 원칙적으로 허용될 수 있다고 판단함으로써, 국가의 광범위한 정보 수집권한 자체를 전면 부정하지는 않았다. 오히려 대량 감청은 유럽인권협약 제8조에 따른 "법에 의한 것(prescribed by law)"으로 평가 받을 수 있는 가능성을 열어 두었다.

하지만 영국 구IPA 및 통제체계가 유럽인권협약 제8조에 위배된다고 보았는데, 이는 권한 자체의 문제가 아니라 절차적 통제 및 감독 장치의 미비를 지적한 것이다. 구체적으로 ① 정보 수집의 독립적 승인 부족(행정부 장관이 승인 주체라는 점), ② 수집된 정보의 검색, 선별, 활용 및 폐기 과정 전반에 대한 독립적이고 예측 가능한 법적 통제 장치 부재, 그리고 ③ 외국 정보기관과의 정보 공유에 대한 불충분한 보호 장치를 핵심적인 문제로 언급하였다.

이 판결은 국가가 외국인 통신을 대상으로 역외 관할권을 확장할 경우에도, 수집 이전부터 활용 및 폐기 단계까지 정보의 흐름 전반에 걸쳐 독립적이고 엄격한 '종단 간 안전장치(end-to-end safeguards)'를 구축해야 한다는 국제적 선례를 확립했다는 점에서 우리나라 통비법의 통제 시스템을 검토하는 데 중대한 함의를 제공한다.

특히 유럽인권재판소가 지적하는 절차적 위반성과 관련해서, 검색·선별·활용·폐기 과정에 대한 통제를 강조하고 있는데 이는 미국이 FISA로부터 시작하여 FAA로의 발전된 과정, 그리고 그 과정에서 절차적 장치를 발전시킨, 예를 들어 쿼어링 절차의 마련과 정보 활용에 대한 제한 장치는 유럽재판소가 지적한 사항에 상응하고 있는 모습이라고 평가할 수 있다.

3) 독일

독일 연방정보부법률 제4장에 의하면, 해외 소재 외국인들 간의 통신을 대상으로 하는 '전략적 해외통신 감시'가 허용된다. '전략적 해외통신감시'란 연방정보부가 자신의 직무 수행을 위해서 기술적 수단을 이용하여 **외국에 있는 외국인의 개**

110) Ibid., paras. 387-395

인과 관련된 통신내용데이터를 사전에 명령을 받은 전략적 정보활동조치(strategische Aufklärungsmaßnahmen)에 근거하여 처리하는 것을 말하는데, 연방정보부는 연방정부의 정책 보고를 위해서 또는 외국으로부터 임박한 국제적 의미가 있는 위험을 조기에 인식하기 위해서 전략적 해외통신감시를 할 수 있다.

전략적 해외통신감시에서 내용데이터의 수집은 변경없이 검색어에 의해서만 허용된다. 검색어는 특히 회선번호, 전송의 서명(특정한 기술적 파라미터), 지리적 영역, 내용 검색어 또는 비공개 이용자 그룹의 특정한 전기통신망일 수 있다. 검색어는 또한 이전의 분석 결과에 기인한 검색어의 견본일 수도 있다. 실무에서는 연방정보부가 이용한 검색어의 경우, 상당한 부분에서 형식적 검색어가 중요하다. 즉 일반적으로 전기통신표지가 중요하다. 이에 대해서 내용 검색어, 즉 특정한 개념이 전기통신내용에서 검색되는 검색어(예를 들어 폭발물 제조를 위해서 이용된 화학 결합)는 경미한 범위에서 사용된다. 이러한 방식이 허용되기 위해서는 연방정보부의 활동을 위한 직무와 관련이 있는 통신만이 수집되고, 내용 검색어가 오로지 우연히 내지 정보기관과 관련이 없는 사실관계를 근거로 사용되는 사람의 통신은 수집되지 않는다는 점이 보장되어야 한다(연방정보부법률 제19조 참조).

다. 검토 및 개선방안

1) 해외 입법례의 시사점

비교 대상 국가들에서는 순전한 해외통신 즉, 해외 소재 외국인들 간의 통신에 대해서는 사람, 조직 또는 건물·장소로 통신비밀제한조치의 대상을 특정할 것을 요하지 않고, 이른바 '대상불특정 통신비밀제한조치(또는 대량 통신비밀제한조치)'라고 하여 일정 검색어를 통해서 통신내용을 수집하는 것을 허용하고 있다. 다만 그러한 조치를 통해 수집한 정보를 검색하기 위한 요건, 그러한 조치에서 부수적으로 내국인 관련 정보의 수집이 허용될 수 있는 요건 등에 대해 엄격히 규율하는 방식을 취하고 있다.

위와 같이 해외 국가들은 '해외 소재 외국인들 간의 통신'에 대해 국내에서 집행하고, 대상특정의 방식으로 하지 않는 한 즉, 대상불특정으로 하는 한 허용된다는 점에서 수집된 정보의 검색·분석 및 그러한 정보의 사용 방법에 대해 규율하는 방식을 취하고 있지, 이를 통신비밀제한조치의 역외집행의 문제로 바라보지는 않는 태도를 취하고 있다. 이는 국가안보 관련 정보는 일반적으로 해외와 관련되는 것이기에 순전한 해외통신을 대상으로 하는 안보목적의 정보수집은 안보정보기관의 전형적인 임무범위에 해당하는 것일뿐만 아니라, 이러한 안보정보기관의 임무수행을 위해서는 해외통신을 대상으로 한 정보수집이 불가피하다는 점 즉, 안보정보기관의 해외첩보 수집에서는 외국 소재 외국인들간의 통신을 대상으로 하는 정보수집활동 즉, 역외집행이 불가피하다는 점을 반영한 것이라고 할 수 있다.

2) 개선방안

우리 통비법 제7조는 "대한민국에 적대하는 국가, 반국가활동의 혐의가 있는 외국의 기관·단체와 외국인, 대한민국의 통치권이 사실상 미치지 아니하는 한반도 내의 집단이나 외국에 소재하는 그 산하단체의 구성원의 통신인 때"라고 하고, 시행령에서는 외국인 대상 통신제한조치에서 대상 관련 특정성 요건에 대해 명시하지 않음으로써 해외 통신에 대해 대상불특정 통신비밀제한조치가 허용된다는 점을 명확히 하지 않고 있다. 시행령 제8조는 '계획서'를 통해서 외국인 대상 통신제한조치를 할 수 있다고 하고 있는데, '계획서'란 해외에서 인정되는 '검색어를 통한 정보 수집' 즉, 대상불특정 통신제한조치를 의도하고 있는 것으로 보이지만, 시행령에서 그러한 '계획서'가 갖추어야 할 요건에 대해서는 자세히 규정하고 있지 않기에 시행령을 통하더라도 외국인대상 통신제한조치가 대상불특정 통신제한조치라는 점이 명확히 도출된다고 할 수는 없다.

따라서 법률에서 '순전한 해외통신'의 경우 대상불특정 통신비밀제한조치가 허용된다는 점을 명확히 하고, '계획서' 등 그러한 통신비밀제한조치를 통해 수집한 정보의 검색·분석 및 활용에 관한 주요 사항을 규율하고, 세부적인 사항을 시행령에 위임하도록 하는 것이 적절하다.

제3절 | 통신제한조치의 집행

1 협조의무 부과 등 실효적 집행을 위한 장치 · 제도

가. 우리나라

현행 통비법은 제15조의2에서[111] 전기통신제한조치 또는 통신사실확인자료제공 요청에 대한 전기통신사업자의 협조의무를 규정하고 있다. 그러나 현행 통비법에서는 '전기통신사업자의 협조의무'만 규정되어 있을 뿐, 전기통신사업자가 협조하지 않는 경우에 대한 제재규정 또는 전기통신사업자의 협조를 확보하기 위한 조치들을 인정하지는 않고 있다. 예컨대 전기통신사업자가 감청설비를 구비하도록 경제적으로 지원하거나 유인하는 제도가 없을 뿐만 아니라, 전기통신사업자가 감청설비를 구비하지 않은 경우에도 행정적 또는 형사적 제재 규정이 없다. 제15조의4에 의한 이행강제금은 '통신사실확인자료제공 현황 등을 과학기술정보통신부장관에게 보고하지 아니하였거나 관련자료를 비치하지 아니한 자에게 과학기술정보통신부장관이 시정명령을 하였음에도 이에 따르지 않은 자'에게 부과되는 것이다.

유선통신과 달리 휴대폰(무선통신)에 대한 감청은 기술적으로 더욱 어렵다. 유선통신의 경우에도 일반적으로 통신서비스제공자의 협조를 얻어 일반 통신제한조치가 이루어지지만, 무선통신의 경우에는 안보정보기관이 기술적 수단을 투입하지 않고서 즉, 해킹수단을 이용하는 암호통신감청이나 온라인 수색에 해당하지 않으

---

111) 통비법 제15조의2(전기통신사업자의 협조의무) ① 전기통신사업자는 검사 · 사법경찰관 또는 정보수사기관의 장이 이 법에 따라 집행하는 통신제한조치 및 통신사실 확인자료제공의 요청에 협조하여야 한다.
② 제1항의 규정에 따라 통신제한조치의 집행을 위하여 전기통신사업자가 협조할 사항, 통신사실확인자료의 보관기간 그 밖에 전기통신사업자의 협조에 관하여 필요한 사항은 대통령령으로 정한다.
[본조신설 2005. 5. 26.]

면서 무선통신을 감청하는 것은 불가능하지 않다고 하더라도 매우 어렵다. 따라서 휴대폰 또는 무선통신의 경우 기술적 수단을 투입하지 않는 방법으로 무선통신의 내용을 취득하기 위해서는 통신서비스제공자의 협조가 필수적이라고 할 수 있다. 즉, 전기통신서비스제공자가 '온라인 수색' 기법 아닌 휴대폰 감청 설비를 구비하지 않는 한 휴대폰에 대한 감청은 사실상 불가능한데, 현행 통비법은 전기통신사업자가 그러한 감청설비를 구비하도록 유인하는 제도 또는 감청설비를 구비하지 않는 경우에 대한 제재규정이 없기에 전기통신사업자 또한 '(온라인수색 기법 아닌) 휴대폰 감청 설비'를 제대로 구비하지 않고 있고, 이로 인해 실무상으로는 휴대폰 감청이 활성화되지 못하고 있다.

나. 해외 입법례

1) 영국

IPA는 제43조 등에서 원거리의사소통서비스 운영자에게 명시적으로 협조의무를 인정하고 있다. 그러나 원거리의사소통서비스 운영자가 협조의무를 이행하기 위해 감청설비를 구축하거나 협조의무를 구체적으로 이행하는 데에는 인적, 물적 자원이 투여될 수밖에 없는바, 영국은 IPA 제249조 및 제250조를 통해 유관부처가 원거리의사소통서비스 운영자가 감청설비 구축 등 협조의무 이행을 위해 투입하는 재원을 경제적으로 지원하도록 하고 있고, 개별 사건에서 협조의무 이행으로 인해 원거리의사소통서비스 운영자에게 발생한 경비 또는 손해를 보상하도록 하고 있다.

이러한 협조의무 이행을 위한 경제적 지원 및 보상제도를 제도화하고 있으면서 동시에, 원거리의사소통서비스 운영자(telecommunication operator)가 협조의무를 이행하지 않는 경우에 대한 제재규정을 두고 있다. IPA 제43조에 의하면, 원거리의사소통서비스 운영자(telecommunication operator)가 일반 의사소통내용 가로채기 영장에 협조할 의무를 불이행한 경우, 이는 약식명령으로 기소될 수 있는 범죄행위(즉, 6개월 이하의 자유형이나 벌금형 또는 양자의 병과형으로 처벌되는 범죄)에 해당한다. 이는 원거리의사소통서비스 운영자가 대량 가로채기영장의 집행에 협조하지 않는 경우에도 마찬가지이다(제149조제4항 참조). 한편, 원거리의사소통서비스 운영자가 의사소통데이터 제공과 관련하여 협조의무를 불이행한 경우 민사적 절차를 통해 이행되도록 강제될 수 있고(제66조 참조), '의사소통장비에로의 침입 영장'의 집행에 협조하지 않는 경우(제128조 참조), '대량 의사소통데이터 취득 승인'에 협조하지 않는 경우(제170조제5항 참조), '대량 의사소통장비에로의 침입 영장' 집행에 협조하지 않은 경우(제190조 참조)에도 마찬가지이다.

2) 미국

47 U.S. Code § 1002는 통신사업자에게 감청에 대한 협조의무를 부과하고 있다. 47 U.S. Code § 1007에 의하면, 통신사업자는 감청설비를 갖추고 법집행기관이 요청할 경우 법원 명령 등에 따라 감청을 하여 그 결과물을 전달해야 하며, 통신사업자가 감청에 필요한 설비를 갖추지 아니하거나 협조에 응하지 아니하는 경우에는 그에 따를 것을 명할 수 있다. 한편, 통신사업자는 표준기관의 감청기술 기준을 준수하여야 하며[112] 보유 중인 시스템을 통하여 감청 가능한 최대의 건수를 보고할 의무가 있는데, 법무부장관은 그 보고를 검토하여 감청설비의 구축을 위한 필요경비를 보상할 수 있다.[113] 통신사업자가 감청설비를 구축하지 않는 경우, 법무부장관은 CALEA에서 정하고 있는 감청설비를 갖추도록 통신사업자를 상대로 하여 소송을 제기할 수도 있다.[114]

위와 같이 통신서비스제공자의 협조의무 이행을 확보하기 위해, 감청설비의 구축을 위한 필요경비를 법무부장관이 지원하도록 하고 있고, 협조의무 이행을 위해 소요된 비용에 대한 보상을 인정하고 있기에 협조의무를 이행하지 않아 법원으로부터 협조의무 이행 명령을 받았음에도 불구하고, 통신서비스제공자가 협조의무를 이행하지 않는 경우, 법원은 그와 같은 명령의 발령일 다음 날부터 1일마다 $10,000씩의 세새금을 부과할 수 있다.

112) 47 U.S.C §1005(a)(2).

113) 47 U.S.C §1003(e)

114) 47 U.S.C §1007(a); 18 U.S.C §2522(c).

3) 독일

가) 전기통신사업자 등의 협조의무

통신비밀제한법률은 제2조에서 전기통신 감시·기록 명령이 발령된 경우, 전기통신사업자 등이 부담하는 협조의무에 대해 규정하고 있다.

제2조제2항에 의하면, 통신서비스 제공자는 명령이 발령되면, 해당 기관에 명령이 발효한 이후에 이루어진 전기통신의 자세한 상황에 관한 정보를 제공하고, 자신이 전달을 담당하는 통신채널상의 통신을 인도해야 하며, 해당 기관이 전기통신을 감청·녹음할 수 있도록 해야 한다. 통신서비스제공자가 부담하는 협력의무의 기술적 기술적·조직적 이행에 관한 세부사항은「전기통신법」제170조 및 이의 시행을 위해 제정된 규정으로 정한다.

전기통신사업자와 그 관계자는 감시·기록조치를 실행하기 전에 지체 없이 다음 세 조치를 취해야 한다. 조치의 시행을 위임받을 사람을 선택하고, 그에 대해 단순신원조사(einfache Sicherheitsüberprüfung)를 시행해야 하며, 그에게 제17조에 따라 전달이 금지된 사항이 있다는 사실과 이를 위반하면 제18조에 따라 처벌받는다는 사실을 문서로 통지해야 한다.

감시·기록조치의 실행은 신원조사를 통해 검증되고 제17조와 제18조에 관한 내용을 문서로 통지받은 사람에게만 위임할 수 있다. 다만 주 내무부 소속 관청이 감시·기록조치를 하는 경우에 연방내무부의 동의가 있다면 그 관청의 장이나 대리인은 전기통신사업자나 그 관계자에게 감시·기록을 위임받을 사람의 신원조사가 아직 끝나지 않았더라도 감시·기록조치를 시작할 것을 문서로 요구할 수 있다. 전기통신사업자와 그 관계자는 대외비로 분류된 정보의 비밀을 확실히 보호하는 조치를 취해야 한다. 특히「신원조사법」(Sicherheitsüberprüfungsgesetz) 제35조 제1항에 따라 비밀의 실질적인 보호를 위해 제정된 행정규칙에 근거하여 조치를 취해야 한다.

나) 통신서비스제공자의 협조의무 이행 확보를 위한 제도

(1) 보상조치

통신비밀제한법률 제20조(보상)에 의하면 안보정보기관은 통신서비스제공자가 법 제2조에 의해 부담하는 협조의무를 이행하기 위해 소요된 경비를 「사법배상법(Justizvergütungs- und -entschädigungsgesetz)」 제23조에서 정하는 기준에 따라 보상할 권한을 가진다. 제5조(전략적 해외감시) 및 제8조(해외에 있는 사람의 생명 및 신체에 대한 위험)에 기한 통신감시·기록조치가 통신서비스제공자에 의해 이루어진 경우 안보정보기관은 통신서비스제공자와 협의하여 보상하고, 보상금액은 실제 소요된 비용에 따른다.

(2) 의무불이행에 대한 행정적 제재

통신비밀제한법률 제22조에 의하면 통신서비스 제공자가 법 제2조에 따른 협조의무를 이행하지 않는 행위는 15,000유로 이하의 질서위반금으로 제재될 수 있는 질서위반행위에 해당한다.

2 검토 및 개선방안

현대에는 모든 것이 무선통신을 통해 이루어지고 있다. 따라서 휴대폰을 포함한 무선통신에 대한 감청이 활성화되지 않고서는 일반 통신제한조치의 실효성이 인정되기 어렵다. 비교대상 국가들이 법률을 통해 통신서비스제공자에게 협조의무(감청설비 구축의무 포함)를 부과하면서, 감청설비 구축 비용을 지원하고 통신감청 실행에 소요된 비용을 국가가 보상하도록 하고 있는 것은 통신서비스 제공자의 협조를 통해서만 무선통신에 대한 감청이 실효적으로 이루어질 수 있다는 점을 반영한 것이다.

전기통신사업자가 협조의무를 이행하기 위해 감청설비를 구축하거나 협조의무를 구체적으로 이행하는 데에는 인적, 물적 자원이 투여될 수밖에 없다. 휴대폰 통신을 포함하여 무선통신에 대한 감청의 실효성 확보를 위해서는 우리도 법률에서 전기통신사업자에게 협조의무 이행을 위한 감축설비 구축의무를 명문화하되, 외국과 같이 감청설비 구축 등에 필요한 재원을 정부가 전기통신서비스제공자에게 지원하도록 할 필요가 있다. 그리고 감청설비 구축을 하지 않는 경우에는 이행강제금을 부과할 수 있도록 이행강제금 규정을 개정할 필요가 있다. 이러한 지원제도와 함께 구체적 개별 사건에서 전기통신사업자가 협조의무를 이행하지는 않는 경우를 위해 협조의무 불이행을 적절한 고액의 과태료로 제재하는 규정을 도입할 필요가 있다.[115]

115) 이미 과거에도 이러한 내용의 통비법개정안이 발의되었지만 임기만료로 폐기되었는데, 그러한 개정안으로는 의안번호 1801650, 통신비밀보호법 일부개정법률안(이한성 의원 등 12인), 제안일자 2008. 10. 30.; 의안번호 1915387, 통신비밀보호법 일부개정법률안(박민식 의원 등 12인), 제안일자 2015. 6. 1.; 의안번호 1908985, 통신비밀보호법 일부개정법률안(서상기 의원 등 13인), 제안일자 2014. 1. 3. 참조.

제4절 | 안보정보기관의 통신대상 정보수집권에 대한 외부적 통제·감독 장치

1 우리나라

우리 통비법은 통비법에 의한 통신제한조치의 집행·운영에 대한 외부적 통제·감독 제도로 '국회에 의한 통제·감독' 제도에 대해 규정하고 있다. 그러나 현행 통비법상의 국회에 대한 보고의무는 국회의 위원회가 관련 자료의 제출을 요구하는 경우에 한해 인정된다.

통비법 제15조에 의하면, 국회의 상임위원회와 국정감사 및 조사를 위한 위원회는 필요한 경우 특정한 통신제한조치 등에 대하여 통신제한조치를 청구하거나 신청한 기관의 장 또는 이를 집행한 기관의 장에 대하여 보고를 요구할 수 있다. 통비법 제15조 제4항에 의하면, "통신제한조치를 집행하거나 위탁받은 기관 또는 이에 협조한 기관의 중앙행정기관의 장은 국회의 상임위원회와 국정감사 및 조사를 위한 위원회의 요구가 있는 경우 대통령령이 정하는 바에 따라 제5조 내지 제10조와 관련한 통신제한조치보고서를 국회에 제출하여야 한다."

2 해외 입법례

가. 영국

1) 조사권한위원장에 의한 통제·감독

영국은 수사기관 및 안보정보기관의 통신대상 정보수집 조치에 대한 승인 역할뿐만 아니라 그러한 정보수집 조치가 법률에 따라 적절하게 운영되고 있는지에 대한 감독·통제권한을 내부무(Home Office) 산하의 독립기구인 '조사권한 위원장실

(Investigatory Powers Commissioner's Office)'에 부여하고 있다.116) '조사권한 위원장실(Investigatory Powers Commissioner's Office)'은 '조사권한 위원장(Investigatory Powers Commissioner)', 1인의 부위원장(Deputy Investigatory Powers Commissioner) 그리고 '조사권한 위원(Investigatory Powers Commissioner = Judicial Commissioner)'들로 구성된다.117) IPA 제227조에 의하면, '사법위원(Judicial Commissioner)'으로 지칭되기도 하는 '조사권한 위원'은 고위 법관직에(high judicial office)에 있거나 있었던 사람 중에서 Lord Chancellor(법무부장관), 잉글랜드 및 웨일즈 사법부 수장, '조사권한위원장(Investigatory Powers Commissioner) 등의 공동추천을 받아 수상이 임명한다.

제229조 및 제235조에 의하면, 조사권한위원장실은 IPA에 의한 통신 관련 정보수집 조치 및 그러한 조치에 의해 획득된 정보의 보관·관리 및 공유 등 수사기관 및 안보정보기관이 IPA에 합치하여 통신관련 정보수집 조치를 적절하게 운영·행사하고 있는지에 대해 감독할 권한을 가지고, 이를 위해 정보수집 조치 운영에 대해 조사 또는 청문(investigation, inspection or audit)할 권한을 가진다. 이와 같이 '조사권한 위원장실(IPCO)'은 수사기관 및 안보정보기관의 통신 관련 정보수집 조치가 법령에 합치하여 적절하게 운영되고 있는지에 대해 조사 또는 청문할 권한까지 가지기에 조사권한 위원장실 인력은 조사관(inspectors), 변호사(Lawyers) 등을 포함하여 약 150명에 이른다.118)

한편, 제246조에 의하면, '조사권한 위원장실(IPCO)' 산하에는 '기술자문패널(Technology Advisory Panel)'이 설치되어야 한다. 이 패널은 '기술 변화의 영향력 그리고 프라이버시 제한을 최소화하면서 IPA에 따른 조사권한을 행사하기 위한 기술 발전'에 대해 '조사권한 위원장실'에 자문을 제공하는 역할을 담당한다.119)

---

116) 영국은 종래에는 수사기관·안보정보기관의 통신 관련 정보수집조치에 대한 감독·통제권한을 통신가로채기위원장(IOCC, Interception of Communication Commissioner), 정보기관위원장(ISC, Interlligence Service Commissioner), 감시위원장(Chief Survillance Commission)과 같은 여러 기구에 분산시키고 있었지만, 2017년에 이러한 기능을 '조사권한 위원장실(IPCO)'로 통합시켰다.

117) 조사권한위원장실 홈페이지(https://www.ipco.org.uk/) 참조. 2025.11.20. 기준으로 조사권한 위원장과 1명의 부위원장 외에 12명의 '사법위원(=조사권한 위원)'이 있다. 조사권한 위원장과 부위원장도 '사법위원(조사권한 위원)'의 신분을 동시에 가진다.

118) https://www.ipco.org.uk/who-we-are/ 참조, 2025.11.1. 최종검색.

제243조에 의하면, '조사권한 위원장'은 매년 수상에게 조사권한위원장실의 임무 수행에 관한 '연도별 보고서'를 제출해야 한다. 이 보고서에는 정보수집조치 승인 관련 통계자료, 조사권한 위원장의 감독 권한 관련 통계자료 등이 포함되어야 한다.

2) 정보위원(Information Commissioner)에 의한 감독

IPA 제4편은 수사기관 및 안보정보기관이 통신서비스제공자에게 통신데이터(communication data)를 최대 12개월 보관할 것을 요구할 수 있는 '보관 통지(retention notice)'제도에 대해 규율하고 있다. 제244조에 의하면, 정보위원(Information Commissioner)은 IPA 제4편에서 규율하고 있는 요구사항 또는 제한사항의 준수 여부에 대해 감사(audit)할 권한을 가진다.

3) 조사권한 법원에 의한 감독 · 통제

'조사권한 법원'은 RIPA 2000 제65조에 의해 설치된 독립 법원이다. '조사권한 법원'은 RIPA 그리고 IPA에 따른 수사기관 또는 안보정보기관의 정보 수집활동과 관련하여 관련자들이 제기하는 소송(complaints), 「인권법 1998(Human Rights Act 1998)」 위반을 이유로 제기하는 소송 등에 대해 재판권을 가진다.[120)]

4) '의회 정보 · 안보위원회'에 의한 통제

장관 또는 수상은 안보정보기관 등으로부터 제출받은 IPA에 의한 정보수집 조치에 대한 보고서를 의회에 보고하여야 한다.

---

119) https://www.ipco.org.uk/who-we-are/technology-advisory-panel/ 참조, 2025.11.1. 최종 검색.

120) RIPA 제67조는 '조사권한 법원'이 재판권을 가지는 소송의 범위에 대해 자세히 규정하고 있다.

나. 미국

1) 연방법무부장관의 반기별 보고서

50 U.S.C. § 1871에 의하면 법무부장관은 반기별로 하원 정보상임위원회, 상원 정보상임위원회, 하원 및 상원 사법위원회에 이전 6개월 기간의 'FISA에 의한 감시조치 등에 대한 보고서'를 제출하여야 한다. 이 보고서는 FISA에 의한 전자감시, 물리적 검색 등 조치의 신청 사건 수, 그러한 조치가 승인된 수, 그러한 조치의 대상이 된 사람들의 세부내역, 그러한 조치에 의해 획득한 정보를 형사소송에서 사용할 수 있도록 승인한 횟수, '해외첩보 감시명령 관할 법원'의 FISA 관련 중요한 법해석에 대한 요약 등을 포함해야 한다. 이 보고서에는 '해외첩보 감시명령 관할 법원'이 FISA 규정의 해석 또는 적용 변경을 초래하는 결정, 명령 또는 의견을 내린 날짜로부터 45일 이내에 해당 결정, 명령 또는 의견과 해당 결정, 명령 또는 의견과 관련된 소송 서류, 신청 또는 법률 각서의 사본을 제출해야 하는데, 다만 그러한 정보가 미국의 국가 안보를 보호하는 데 필요하고 민감한 출처 및 방법 정보 또는 대상의 신원과 관련되는 경우에는 법무부장관이 그러한 자료를 보고서에 포함시키지 않도록 할 수 있다.

50 U.S.C. § 1872에 의하면, 국가정보국장(ODNI)은 법무부장관과 협의하여 '해외첩보 감시명령 관할 법원'이 FISA와 관련하여 내린 각 결정, 명령 또는 의견에 대해 가능한 한 빨리, 그러나 검토 개시 후 180일 이내에 기밀 해제 검토를 실시해야 한다.

2) 관련 기관의 의무적 연례보고

50 U.S.C. § 1873은 미국법원 행정국장(Director of the Administrative Office of the United States Courts), 국가정보국장(Director of National Intelligence), 법무부 산하 연방수사국장(Director of Federal Bureau of Investigation)의 의회에 대한 연례보고 및 그 보고서에 포함되어야 하는 사항에 대해 규율하고 있다.

다. 독일

1) 개관

독일은 안보목적으로 통신내용정보를 취득하는 조치에 대한 여러 내·외부적 통제장치를 두고 있다. 먼저, 그러한 조치의 1) **허가 여부에 대한 사전승인권뿐만 아니라 그러한 조치의 운영 관련 감독·통제권한**을 가지는 독립적인 외부위원회로 ① 통신비밀제한법률상의 통신비밀조치와 관련하여서는 'G-10위원회' 그리고 '의회통제위원회'가 있고, ② 연방정보부법률상의 해외통신 전자감시조치와 관련하여서는 '독립통제위원회(unabhängiger Kontrollrat)를 두고 있으며, 2) **그러한 조치의 운영에 대한 의회 산하의 독립적인 통제·감독기구**로 '의회 (독립)통제위원회(Parlametarisches Kontrollgremium)'가 있다.

통신비밀의 자유에 대한 제한에 관해 규정하고 있는 독일 기본법(헌법) 제10조[121] 제2항 제2문은 '통신비밀제한조치를 규율하는 법률은 …소송을 통한 구제수단 대신에 국민대표에 의해 선임된 기관 및 보조기구에 의한 심사로 대신될 수 있다는 점을 규정할 수 있다'고 하고 있다. 이에 따라 통신비밀제한법률상의 통신비밀제한조치가 허용되는지에 대한 사전승인권 등을 가지는 독립위원회로 '**G-10 위원회**'가 설치되어 있다. 독일은 1978년에 「연방 안보정보기관의 활동에 대한 의회통제에 관한 법률(Gesetz über die parlamentarische Kontrolle nachrichtendienstlicher Tätigkeit des Bundes)」을 제정하여 '의회통제위원회(parlamentarisches Kontrollkommission)'가 연방안보정보기관의 활동에 대해 감독·통제하도록 하였는데, 1992년의 법률개정을 통해 '의회통제위원회(Parlamentarisches Kontrollkommission)'의 명칭은 **'의회 (독립)**

---

121) 현행 독일 기본법 제10조는 1968년에 개정된 규정인데, 제10조는 다음과 같다.

> 독일 기본법 제10조
> (1) 서신비밀 및 우편비밀과 통신비밀은 침해될 수 없다.
> (2) 서신·우편·통신비밀에 대한 제한은 법률에 근거해서만 명령될 수 있다. 그러한 제한조치가 자유민주적 기본질서 또는 연방·주의 존립과 안전을 보호하기 위한 것인 경우 제한조치를 규율하는 법률에서 제한조치가 관련인에게 통지되지 않을 수 있다는 점과 소송을 통한 구제수단 대신에 국민대표에 의해 선임된 기관 및 보조기구에 의한 심사로 대신될 수 있다는 점을 규정할수 있다.

통제위원회(Parlametarisches Kontrollgremium)'로 변경되었다.[122] 이미 '의회통제위원회'에 의해 연방정보기관의 첩보활동에 대한 감독·통제가 이루어지고 있었지만, 연방정보기관에 대한 의회통제의 정당성과 헌법적 근거를 보다 명확히 하기 위해 독일은 2009년의 독일 기본법 개정에서 제45d조를[123] 신설하여 연방정보기관의 활동에 대한 의회통제를 독일 기본법(헌법)에서 명시하였고, 2009년 6월 29일에 「**연방 안보정보기관의 활동에 대한 의회통제에 관한 법률**(Gesetz über die Parlamentarische Kontrolle nachrichtendienstlicher Tätigkeit des Bundes, PKGrG)」(이하 '의회통제위원회법')을 새로이 제정하였다.[124]

독일은 2021년의 연방정보부법률 개정에서 해외통신에 대한 '전략적 감시조치'를 전면개편하여 규정하면서, 연방정보부의 전략적 해외통신 감시조치에 대해 사전승인권 등의 감독·통제권한을 가지는 독립위원회로 **'독립통제위원회**(unabhängiger Kontrollrat)'를 도입하였고, 연방정보부법률 제4장 제5절에서 '독립통제위원회'에 대해 자세히 규율하고 있다.

독일 통신비밀제한법률 제5장은 "통제(Kontrolle)"라는 장 제목하에 동 법률상의 통신비밀제한조치에 대한 의회통제위원회에 의한 감독·통제 그리고 'G-10 위원회'에 의한 사전승인 등의 감독·통제에 대해 규율하고 있다.

독일의 안보목적의 통신대상 정보수집조치에 대한 내·외부적 통제 제도에 대해 자세히 살펴보면 다음과 같다.

---

122) 이에 대해서는 정문식·정경호, "정보기관에 대한 의회의 통제 강화 - 독일의 연방정보원(BND)에 대한 통제를 중심으로 -", 유럽헌법연구 제31호, 2019, 293-295면 참조. 'Kontrollgremium'을 '의회감독위원회'로 번역하기도 하는데, 이 책에는 '의회 (독립)통제위원회'로 번역한다.

123) 독일 기본법 제45d조는 다음과 같다.

> 기본법 제45d조 의회 독립통제위원회
> (1) 연방의회는 연방 안보정보기관의 첩보활동에 대한 통제를 위한 독립위원회(Gremium)를 설치할 수 있다.
> (2) 그에 관한 세부사항은 법률로 규율한다.

124) 입법배경 등에 대해서는 정문식·정경호, "정보기관에 대한 의회의 통제 강화 - 독일의 연방정보원(BND)에 대한 통제를 중심으로 -", 유럽헌법연구 제31호, 2019, 293-295면 참조.

2) 통신비밀제한법률상의 통신비밀제한조치에 대한 감독·통제 제도

가) 'G-10 위원회'에 의한 감독·통제

(1) 'G-10 위원회'의 구성 등

통신비밀제한법률 제15조가 'G-10 위원회'의 구성, 권한 등에 대해 규율하고 있다. G-10 위원회는 위원장, 4명의 위원 그리고 회의에서 발언권과 질의권을 행사할 수 있는 5명의 대리위원으로 구성되는데, 적어도 3명의 위원과 3명의 대리위원은 법관의 자격을 가진 자이어야 한다(제15조제1항). G-10 위원회 위원은 연방정부의 청문회를 거쳐 의회통제위원회(PKGr)에 의하여 연방의회 임기 동안 임명되고, G-10 위원회의 운영예산은 의회의 안보정보기관활동 통제 업무를 위한 예산에서 지출되지만(제15조제3항 참조), G-10 위원회는 행정부 또는 의회 어디의 지시도 받지 않으며 독립적으로 직무를 수행한다. G-10 위원회는 매달 적어도 한번 회의를 개최하고, G-10 위원회의 심의는 비공개로 이루어진다. 의회통제위원회의 상임대리인(Die oder der Ständige Bevollmächtigte des Parlamentarischen Kontrollgremiums)은 일반적으로 G10 위원회의 회의에 참여한다(제15조제1항제4문).

(2) 'G-10 위원회'에 의한 감독·통제

'G-10 위원회'가 행하는 가장 주요한 감독·통제권한은 통신비밀제한법률상의 통신비밀제한조치 명령의 허용성(Zulässigkeit)과 필요성(Notwendigkeit)에 대해 사전에(집행 전에) 심사하여 그 조치의 집행을 승인하는 것이다(제15조제6항 참조). 이러한 기능은 동 법률상의 통신비밀제한조치에 대한 사전적 외부적 통제 제도라고 할 수 있다. 이 외에도 'G-10 위원회'는 통신비밀제한조치의 추가적인 통지유예 여부에 대한 결정, 관련인의 이의제기에 따른 명령의 적법성 심사 등의 감독·통제 기능을 행한다.

통신비밀제한법률 제12조에 의하면, 동 법률상의 통신비밀제한조치는 원칙적으로 그 조치의 집행 후에 관련인에게 그러한 조치의 집행사실이 통지되어야 하지만, 통지로 인해 그 조치의 목적이 달성될 수 없거나 국가안보이익에 불이익이 발생할 수 있는 경우에는 12개월을 한도로 하여 통지가 유예될 수 있는데, 12개월

내에 통지가 이루어지지 않는 경우 계속적인 통지유예 여부 및 통지유예의 기간 또는 통지할 필요가 없는 경우에 해당하는지에 대해서는 G-10 위원회가 결정한다.

통신비밀제한법률 제15조제5항에 의하면, G-10 위원회는 직권으로 또는 관련인이 제기한, 통신비밀제한조치 명령의 허용성과 적법성에 관한 이의제기(Beschwerde) 또는 동 법률에 의해 획득한 정보의 처리에 대한 관련인의 이의제기에 대해 심의할 권한을 가진다.

나) 통신비밀제한조치 집행에서의 내부적 통제

통신비밀제한 법률 제11조제1항에 의하면, 동 법률상의 통신비밀제한조치는 "법관의 자격을 가진 자의 감독하에" 집행되어야 한다. '법관의 자격을 가진 자'란 사법부에 속하는 법관을 의미하는 것이 아니라, 통신비밀제한조치를 신청한 기관 즉, 안보정보기관에 소속된 법관의 자격을 가진 자를 의미한다.[125] 즉, '안보정비기관에 소속된 법관의 자격을 가진 자'의 감독 하에 통신비밀제한조치가 집행되어야 한다. 이는 통신비밀제한조치가 집행과정에서도 적법하게 이루어지도록 하기 위한 '내부적 통제제도'라고 할 수 있다.[126]

다) '의회통제위원회'에 의한 감독·통제

통신비밀제한법률 제14조는 동 법률상의 통신비밀제한조치에 대한 의회의 통제권한에 대해 규율하고 있다. 제14조제2항에 의하면, 의회통제위원회(das Parlamentarische Kontrollgremium)는 동법률 제5조 및 제8조에 따른 국제통신에 대한 전략적 감시조치에서 감시의 대상이 되는 통신에 대한 사전동의권을 가지는데, 긴급한 경우 의회통제위원회 위원장 또는 그 대리인에 의한 임시동의로 그러한 조치가 취해질 수 있지만, 2주 이내에 의회통제위원회의 사후동의가 있어야만 그러한 전략적 감시조치가 유효하다.

의회통제위원회는 통신비밀제한법률상의 '국제통신에 대한 전략적 감시조치'에서 위와 같이 사전동의권에 기한 사전적, 외부적 통제권한뿐만 아니라, 통신비밀

125) MüKoStPO/Günther/Rückert, 2. Aufl. 2025, G10 § 11 Rn. 2.

126) MüKoStPO/Günther/Rückert, 2. Aufl. 2025, G10 § 11 Rn. 2.

제한법률상의 모든 통신비밀제한조치의 적절한 집행 및 운용에 대한 일반적인 외부적 통제권한을 가진다. 제14조 제1항에 의하면, 동 법률상의 통신비밀제한조치의 명령권자인 연방장관은 최장 6개월 간격으로 이 법률의 집행에 관하여 의회통제위원회에 보고해야 한다. 의회통제위원회는 개인에 대한 통신비밀제한조치(제3조), 전략적 통신제한조치(제5조), 개인정보의 외국공공기관으로의 전달(제7a조), 해외에 있는 자의 생명 또는 신체에 대한 위험 관련 조치(제8조)의 집행과 그 방법 및 범위에 대한 보고서를 매년 독일연방의회에 제출해야 한다. 이 경우 통제위원회법 제10조 제1항의 원칙을 준수하여야 한다. 통제위원회법 제10조 제1항은 통제위원회의 심의의 비밀과 구성원의 비밀준수의무를 규정하고 있다.

3) 연방정보부법률상의 해외통신에 대한 전략적 감시조치에 대한 감독 · 통제 장치

가) 독립통제위원회의 구성 등

연방정보부법률 제4장(기술적 규명조치) 제4절(독립적인 법적 통제)은 연방정보부법률상의 '해외통신에 대한 전략적 감시 · 기록조치'에 대한 외부적 감독 · 통제기구로서의 '독립통제위원회(Der Unabhängige Kontrollrat)'에 대해 규율하고 있다.

연방정보부법률 제4장에 의하면, '독립통제위원회'는 '법원유사 통제부서(Das gerichtsähnliche Kontrollorgan)'와 '행정적 통제부서(das administrative Kontrollorgan)'로 구성된다. 제43조에 의하면, '법원유사 통제부서(Das gerichtsähnliche Kontrollorgan)'는 6명의 위원으로 구성되는데, 위원은 연방대법원 또는 연방행정법원의 법관으로서의 장기간 경험이 있는 자 중에서 의회통제위원회가 임명한다. '법원유사 통제부서(Das gerichtsähnliche Kontrollorgan)'의 위원 중에서 독립통제위원회 위원장과 부위원장을 임명한다. 제50조에 의하면, '독립통제위원회의 행정적 통제부서'의 부서장은 법관의 자격을 가진 자이어야 한다.

나) 독립통제위원회의 감독 · 통제권한

'독립통제위원회의 법원유사 통제부서'는 연방정보부법률상의 해외통신에 대한 전략적 감시조치에서 법률적 판단이 강하게 요구되는 사항과 관련하여 사전적 통제권한과 사후적 통제권한을 행사한다. 연방정보부법률 제42조에 의하면, '독립통제위원회의 법원유사 통제부서'는 해외통신에 대한 전략적 감시조치 명령의 적법성을 사전심사하여 그러한 명령이 집행될 수 있는지에 대해 승인(동의)하는 권한을 가지고, 개인 관련 트래픽데이터를 외국정보기관에 제공할 수 있는 경우의 요건이 충족되는지에 대한 판단권한을 가지고, 수집된 데이터가 사생활의 핵심영역 관련 데이터에 해당하는지가 문제되는 사안에서 그에 대한 판단권한 등을 가지는데, 이러한 권한은 사전적 통제권한에 해당한다. 제42조에 의하면, '독립통제위원회의 법원유사 통제부서'는 연방정보부법률 제21조 제3항에 따른 데이터의 사용 여부, 제29조 제7항 및 제30조 제5항에 따른 목적의 변경 여부, '독립통제위원회의 행정적 통제부서'에 의해 제기된 이의제기에 대한 판단권한 등을 행사하는데 이러한 권한은 사후적 통제권한에 해당한다.

'독립통제위원회의 행정적 통제부서'는 '법원유사 통제부서'의 통제권한에 해당하지 않는 기타 사항에 대해서 통제권한을 행사하는데, 예컨대 선정된 검색어의 적법성에 대한 심사는 '법원유사 통제부서'의 통제권한이 인정되지 않는 경우라면 행정적 통제부서가 담당한다(제51조 참조). '독립통제위원회의 행정적 통제부서'는 자신의 통제권한에 속하는 사항과 관련하여 연방정보부가 위법하게 행동하였다는 점을 확인한 경우에는 연방정보부에 이의제기(Beanstandungen)를 할 수 있고, 이러한 이의제기에 대해서는 '독립통제위원회의 법원유사 통제부서'가 판단한다(제52조 참조).

다) 독립통제위원회의 의회통제위원회로의 보고의무 등

연방정보부법률 제55조는 독립통제위원회의 의회통제위원회에 대한 보고의무를 규정하고 있다. 제55조에 의하면, 독립통제위원회는 최대 6개월 간격으로 자신의 활동을 의회통제위원회에 보고해야 한다.

한편, 연방정보부법률 제58조는 독립통제위원회와 의회통제위원회 간에 그리고 독립통제위원회와 'G-10 위원회' 그리고 '연방 개인정보보호관' 간에 연방정보기관의 활동에 대한 통제 업무와 관련하여 일반적 차원에서 사안과 관련하여 정보를 공유하고, 의견을 교환하고 협력할 것을 규정하고 있다.

3 검토

가. 해외 입법례

영국과 독일은 통신비밀제한조치를 중층적인 감독·통제 장치 하에 인정하고 있다. 영국에서는, 일반 통신가로채기는 물론이고, 온라인수색의 경우에도 고위직 법관의 경험을 가진 사법위원(조사권한 위원)의 승인이 있어야만 온라인수색 영장이 발부될 수 있다.

다음으로 고위직 법관의 경험을 가진 조사권한 위원(사법위원)들로 구성되는 조사권한 위원장실을 내무부 산하의 독립기구로 설치하여 영장발부 승인에 대한 권한을 부여하고 있을 뿐만 아니라, IPA에 의한 수사기관 및 안보정보기관의 조사권한 조치들이 법령에 부합하여 수행되고 있는지에 대해 감독할 권한을 부여하고 있으며, 이러한 감독임무 수행을 위해 조사권한위원장실에는 조사관들도 배치되어 있고, 기술자문 패널도 설치되어 있으며, 조사권한위원장실의 인력은 약 150명에 이른다. 즉, 영국의 조사권한위원장실(IPCO)은 우리 통비법상 국가안보목적의 통신제한조치에 대한 영장 발부권한을 가지는 고등법원 수석판사와 같이 단순히 영장 발부 권한을 가지는 기관이 아니라, 영장의 승인 권한과 IPA상의 조치에 대한 실효적이고, 포괄적인 감독권한을 가지는 기구이다. 조사권한위원장실에 의한 감독 업무는 매년 보고서로 수상에게 보고되고, IPCO 홈페이지에서 공개되고 있다.[127)]

IPA에 의한 정보수집 조치 관련자들에 의해 제기되는 소송은 '조사권한 법원'에 의해 재판되고, 조사권한 법원의 판결문은 조사권한 법원 홈페이지에서 공개되고 있다.[128)]

영국과 독일에서는 안보정보기관이 행한 통신제한조치와 관련하여 의회에 의무적으로 반기별 또는 연도별 보고서를 제출하여야 한다. 그러나 우리 통비법 제15조는 국회의 상임위원회와 국정감사 및 조사를 위한 위원회의 요구가 있는 경우 대통령령이 정하는 바에 따라 통신제한조치보고서를 국회에 제출하도록 하고 있다.

---

127) https://www.ipco.org.uk/publications/annual-reports/, 2025.8.1. 최종검색.

128) https://investigatorypowerstribunal.org.uk/judgments/, 2025.8.1. 최종검색.

나. 우리 법의 개선방안

이에 대해서는 제3장에서 암호통신감청 및 온라인 수색을 검토하면서 우리나라의 개선방안 부분에서 종합적으로 함께 살펴본다.

제3장

암호통신감청 및 온라인 수색

제1절 | 우리나라 현행법의 태도

1 우리 통비법상 암호통신감청 또는 온라인수색이 허용되는지 여부

우리 통비법은 '감청'을 "당사자 모르게" 실시간 진행 중인 통신내용을 지득하는 행위로 정의하고 있고, 통신제한조치에 대한 정의규정이 통비법에 없지만, 통신제한조치를 '통신감청'과 같은 의미로 해석하고 있는 판례의 태도에 의하면 '당사자 모르게 진행 중인 통신내용을 지득하는 행위'만이 통비법상의 통신제한조치에 해당하지, '당사자 모르게, ① 기술적 수단을 투입하여 침입하는 방법으로' ② 저장된 통신의 내용을 지득하는 행위는 '통비법에서 허용하고 있는 통신제한조치'에 해당하지 않는다. 따라서 우리 현행 통비법에 의하면, 수사기관은 물론이고, 안보정보기관의 경우에도 암호통신감청 또는 온라인수색은 허용되지 않는다.

2 국제 및 국가배후 해킹조직에 대한 추적 · 무력화 조치

사이버안보 업무규정 제6조의2 제3항은 "국가정보원장은 국가안보와 국익에 반하는 국제 및 국가배후 해킹조직 등의 활동을 선제적으로 확인 · 견제 · 차단하기 위하여 국외 및 북한 소재 거점을 대상으로 추적, 무력화 등 필요한 조치를 할 수 있다."고 하고 있다. 동 규정은 이른바 선제적·능동적 방어 전략에 기초하여 도입된 규정이라고 할 수 있는데, 동 규정에서 의미하는 '무력화 조치'는 확인된 국제 및 국가배후 해킹조직 등의 활동을 차단하기 위한 조치라는 점에서 동 규정이 암호통신감청 또는 온라인수색의 근거규정으로 이해되기에는 어려워 보인다.

제2절 | 영국

1 개관

IPA 제5편은 '대상특정 장비침입영장(targeted equipment interference warrants)'에 대해 규율하고 있고, 제6편 제3장은 '대량(대상불특정) 장비침입영장(Bulk equipment interference warrant)'에 대해 규율하고 있다. "장비(equipment)"란 전기마그네틱적, 음향의 또는 기타 발신신호를 생성하는 장비 또는 그러한 장비와 연결될 수 있는 모든 장치를 말한다. 전통적 의미에서의 컴퓨터뿐만 아니라, 랩톱, 태블릿, 핸드폰은 물론이고, USB 또한 '장비'에 해당한다.[129)]

실무지침에 의하면, 장비"침입"(equipment interference)이란 장비로부터 의사소통내용, 장비데이터(equipment data) 또는 기타 정보를 획득하기 위해 이용되는 모든 기술을 의미한다.[130)] 장비침입 방식은 다양한 형태로 이루어질 수 있는데, 원격으로 이루어질 수도 있고, 장비 근처에서 물리적 접촉 없이 이루어질 수도 있고, 장비에 물리적으로 접속함으로써 이루어질 수도 있다. 예컨대 주인이 모바일 디바이스를 켜둔 채 잠깐 이탈하였을 때 주인 몰래 모바일 디바이스에서 데이터를 다운받는 것, 로그인 정보를 알고 있어서 주인 몰래 로그인 정보를 입력하여 접속하여 데이터를 가로채는 것, 원격으로 디바이스에서 데이터를 가로채거나 디바이스 이용자를 모니터하기 위해 소프트웨어 취약성을 이용하여 또는 악성 소프트웨어를 디바이스에 심어 디바이스에 대한 통제력을 취득하는 것 등이 모두 장비"침입"에 해당한다.[131)] 즉, IPA에서 장비"침입"이란 악성소프트웨어 프로그램을 대상 장비에 심는 해킹을 통해 원격으로 장비에 침입하는 것만을 의미하는 것이 아니라, '무단으로 장비에 접속하여 데이터를 가로채는 모든 방법'을 말한다.

---

129) Equipment Interference Code of Practice, p. 6 참조.

130) Equipment Interference Code of Practice, p. 15 참조.

131) Equipment Interference Code of Practice, p. 15 참조.

장비침입영장에 의해서는 '저장된 의사소통내용 또는 데이터'를 취득하는 것만 이 허용되고(제99조 참조), 실시간 전송 중인 의사소통(예컨대 진행 중인 영상통화)의 내용을 취득하는 것은 허용되지 않는다. 실시간 전송 중인 의사소통의 내용을 취득하기 위해서는 '통신 가로채기 영장'을 발부받아야 한다. 다만, IPA는 상이한 유형의 영장을 상호 결합시킨 결합영장을 허용하고 있는바, 저장된 의사소통내용 또는 데이터를 취득하는 것뿐만 아니라, 전송(진행) 중인 의사소통의 내용까지 취득하고자 할 때, '대상특정 장비침입영장' 외에 별도의 '대상특정 가로채기 영장'을 발부받아서 그렇게 할 수 있지만, '대상특정 가로채기 + 대상특정 장비침입이 결합된 영장'을 발부받아서 그렇게 할 수도 있다.[132)]

대상특정 장비침입 영장은 수사기관이 수사목적으로 청구할 수도 있다. 그러나 수사방법의 일환으로 인정되는 '일반적인 수색·압수'를 통하여서도 저장된 데이터를 취득할 수 있는 경우라면 수사기관이 굳이 '대상특정 장비침입영장'을 청구할 필요는 없다.[133)] 물론, 이 경우에도 수사기관이 수사목적의 '대상특정 장비침입영장'을 발부받는 것이 허용되지 않는 것은 아니다.[134)]

안보목적의 '대상특정 장비침입영장'과 '대량(대상불특정) 장비침입영장'의 차이점은 아래와 같다.

	대상특정 장비침입영장	대상불특정 장비침입영장
대상 사안	영국인과의 관련성 있는 사안	해외 사안
목적	수사목적 또는 안보목적으로 가능	안보목적으로만 가능

132) Equipment Interference Code of Practice, p. 18-19 참조.

133) Equipment Interference Code of Practice, p. 24-25 참조.

134) Equipment Interference Code of Practice, p. 24-25 참조.

2 대상특정 장비침입영장(영국인 관련 사안)

가. 의미

대상특정 장비침입영장이란 '무단으로 대상 장비에 침입하는 기술'을 이용하여 대상 장비 또는 통신시스템에 저장된 의사소통내용, 장비데이터 또는 기타 정보를 획득하는 것을 허가하는 영장을 말한다. '획득'이란 대상자의 의사소통내용 또는 기타 활동을 '저장된 데이터의 획득을 통해' 모니터링하거나 관찰하는 것을 포함한다(제99조제(4)항). ① 사안이 영국 국민과 관련된 사안이고, ② 장비침입의 방법이 「컴퓨터 남용 법률 1990(Computer Misuse Act 1990)」상의 규정에 해당하는 불법적인 방법 즉, 무단의 장비에로의 접속에 해당하는 행위라면, 안보정보기관은 대상특정 장비침입영장을 필수적으로 발급받아야만 한다.[135] 사안이 영국인과 관련성을 가지는 사안일 것이라는 요건은 수사기관의 수사목적의 '대상특정 장비침입영장'에는 적용되지 않는다.[136]

나. 청구권자 및 청구사유

IPA 제102조에 의하면, 정보기관의 안보목적의 대상특정 장비침입영장의 청구권자는 정보기관의 장 또는 정보기관장을 대신하는 자이다. '정보기관의 장'이란, SS(=(MI5), SIS(=MI6) 및 GCHQ의 장을 의미한다. 제102조 제(5)항에 의하면, 안보목적의 '대상특정 장비침입영장'은 ① 국가안보의 이익을 위해서, ② 중대범죄의 방지나 발견을 위해서, 또는 ③ 영국의 경제적 번영이 국가안보의 이익과 관련 있는 경우, 경제적 안녕이라는 이익을 위해서 필요한 경우에 청구될 수 있다. '중대범죄'란 ① 18세 이상의 전과 없는 자가 최소 3년 이상의 징역을 받을 수 있는 정도의 범죄행위 또는 ② 범죄행위가 상당한 경제적 수익을 결과로 가지는 폭력행위와 관련된 경우 또는 범죄행위가 공동의 목적을 추구하는 많은 사람들에 의해 이루어진 경우를 의미한다(제263조제(1)항 참조).

---

135) Equipment Interference Code of Practice, p. 16면 이하 참조.

136) Equipment Interference Code of Practice, p. 26면.

다. 영장 발부권자, 발부요건 및 발부절차

1) 일반적 발부 요건 및 절차

영장 발부권자는 안보정보기관이 속해 있는 부처의 장관이다. 따라서 SS의 장이 신청하는 경우에는 내무부장관이 발부권자이고, SIS 또는 GCHQ의 장이 신청하는 경우에는 외교부장관이다. 장관이 영장을 발부하기 위해서는 ① 청구사유가 인정될 것, ② 필요성 요건이 충족될 것, ③ 장비침입 영장을 통해 달성하고자 하는 것과 장비침입의 방법이 비례적일 것, ④ 획득한 정보의 보관·공개 등에 관한 기준을 준수하기 위한 체계가 마련되어 있을 것, ⑤ 사법위원(Judicial Commissioner)의 승인이 있을 것이라는 요건이 충족되어야 한다(제102조).

(1) '필요성' 요건

'중대범죄 방지 및 발각'이라는 청구사유와 관련하여 필요성 여부를 판단함에 있어서 제102조제(2)항은 스코틀랜드와 관련한 특별규정을 두고 있는데, 중대범죄의 방지 또는 발각이 유일한 청구사유이고, 그 '대상특정 장비침입영장'이 스코틀랜드에만 위치하는 장비에 대한 침입을 목표로 하는 경우라면 장관은 그러한 대상특정 장비침입영장의 발부를 거부할 수 있다. 제102조제(6)항에 의하면, 대상특정 장비침입영장의 청구사유가 '경제안보(economic well-being)'인 경우 외국에 있는 사람의 행동 또는 의도와 관련된 정보를 획득하기 위해서 대상장비로의 침입이 필요한 경우에만 '필요성' 요건이 충족된다.

(2) '비례성' 요건

'비례성' 요건은 대상특정장비침입영장을 통해서 달성하고자 하는 공익과 그러한 침입방법을 통해서 대상자에게 초래될 수 있는 기본권의 제한 정도(통신의 비밀, 사생활의 자유 등에 대한 제한 정도)를 형량하여 전자가 우위에 있을 때 '비례성' 요건이 충족된다.[137] 대상자의 기본권을 덜 제한·침해하는 방법을 통해서 정보를 획득할 가능성이 있는가라는 기준은 비례성 여부를 판단하는 기본적인 한 요소이고,

---

137) Equipment Interference Code of Practice, p. 35-36면 참조.

구체적인 침입의 방법·정도, 대상자 및 기타 인에게 미치는 기본권 제한의 정도·강도에 관한 모든 사정을 종합적으로 비교형량하여 판단해야 하는 문제이다.[138] 예컨대 안보정보기관은 대상자의 장비가 인터넷에 의해 많은 다른 사람들이 이용하는 네트워크와 연결되어 있는 경우 예정된 침입방법이 대상자 외에 비대상자인 다른 네트워크 이용자에게 어느 정도로 기본권을 제한하는지를 고려하여야 하고, 침입방법이 다른 네트워크 이용자의 기본권 제한을 최소화하는 것이라면 그러한 대상특정장비침입영장은 발부될 수 있다.[139]

한편, '비례성' 요건은 영장 청구·발부 여부를 판단함에 있어서만 요구되는 요건이 아니라, 영장을 집행함에 있어서도 준수되어야 하는 요건이다.[140]

(3) 사법위원의 승인

원칙적으로 사법위원(조사권한 위원)의 승인이 있어야 영장발부권자가 영장을 발부할 수 있다. 사법위원이 영장발부에 대해 승인·동의하지 않는 경우, 영장발부권자는 조사권한위원장(Investigatory Powers Commissioner)에게 동의·승인에 관한 재심의를 요청할 수 있다(제108조제(5)항).

(4) 긴급 '대상특정 장비침입영장'

제109조에 의하면, 대상특정 장비침입영장의 발부권자인 장관은 긴급성이 인정될 때에는 사법위원의 승인 없이 '대상특정 장비침입영장'을 발부할 수 있다. 내무부장관 또는 외교부장관은 즉시 그러한 사실을 사법위원에게 통보하여야 하고, 사법위원은 발부일로부터 9일 이내에 사후승인 여부를 결정하여야 한다. 사법위원이 긴급영장 발부에 대해 사후승인을 하지 않으면, 영장의 효력은 즉시 중지되고, 내무부장관 또는 외교부장관은 사법위원의 사후승인 거부결정에 대해 불복할 수 없다. 또한 사법위원은 그동안 확보된 증거자료의 파기를 요구할 수도 있고, 또는 그러한 증거자료의 보관 및 사용에 관해서 별도의 조건을 부과할 수도 있는데(제110조 제(3)항 및 제(4)항), 이에 대해서는 영장 신청권자 또는 긴급영장 발부권자가 조

138) Equipment Interference Code of Practice, p. 35면 이하 참조.

139) Equipment Interference Code of Practice, p. 38면.

140) Equipment Interference Code of Practice, p. 35면 이하 참조.

사권한위원장에게 재심의를 요청할 수 있다(제110조제(7)항).

(5) 특정 경우의 추가적인 통제장치

제111조 내지 제114조는 특정의 경우에 적용되는 '추가적인 통제장치 · 발부요건(additional safeguards)'에 대해 규율하고 있다.

대상특정 장비침입영장이 의회의원(Member of Parliament)을 대상으로 하는 경우에는 사법위원의 승인뿐만 아니라, 영국 수상의 승인도 받아야 한다(제111조 제3항). 뿐만 아니라, 의회의원을 대상으로 하는 '대상특정 장비침입영장'은 의회의원의 통신 또는 개인적 정보의 취득을 위해서만 가능하고, 장비데이터를 취득하기 위한 목적으로 허용될 수는 없다.

'대상특정 장비침입영장'이 변호사의 비밀유지특권(Legal privilege)의 대상이 되는 항목(Items)을 획득하고자 하는 것인 경우에는, 필요성 요건과 관련하여 그러한 영장을 발부할 예외적이고 부득이한 사정(Exceptional and compelling circumstances)이 존재해야 하는데(제112조 제(4)항), 취득하고자 하는 자료의 공익적 가치가 변호사의 비밀유지 이익에 우선해야 하며, 보충성의 원칙(제112조 제(6)항 제b호)이 충족되지 않는다면, 예외적이고 부득이한 사정이 존재하지 않는다고 해석된다. 다음으로, 영국의 경제안보 보장(경제적 번영이 국가안보 목적과 관련이 있는 경우)이 영장청구 사유인 경우에는 영장발부가 거부될 수 있다(제112조 제(5)항). 뿐만 아니라, 영장청구서에 변호사의 비밀유지특권 대상 항목이 집행의 목적이라는 점이 반드시 기술되어야 하고, 영장으로 획득된 정보나 자료들의 처리 · 보유 · 사용 · 폐기 방법에 대한 충분한 관리체계가 갖추어져 있음이 설명되어야 하며(제112조 제9항), 그러한 영장을 통해 취득한 비밀유지특권 항목을 계속 보관하고자 한다면, 조사권한위원장에게 그러한 사실을 즉각 통보해야 한다(제131조 제(2)항).

제113조는 기밀보도자료(Confidential journalistic material)에 대한 '대상특정 장비침입영장'의 추가적인 발부요건에 대해, 그리고 제114조는 언론정보원(source of journalistic material)에 대한 '대상특정 장비침입영장'의 발부요건에 대해 규정하고 있다. 이러한 기밀보도자료나 언론정보원에 대한 온라인수색영장은 그 영장청구서에 기밀보도자료나 언론(뉴스)정보원이 영장 집행의 목적 중 하나라는 사실이 반드

시 명기되어 있어야 한다. 또한, 영장집행을 통해 획득된 정보나 자료들의 처리 · 보유 · 사용 · 폐기 방법에 대한 충분한 관리체계가 갖추어져 있음도 (청구서에) 기술되어야 한다.

2) 유효기간 등

'대상특정 장비침입영장'의 유효기간은 6개월이지만, 사법위원의 승인을 받아 유효기간이 다시 6개월 갱신될 수 있다.

3 대상불특정 장비침입영장(해외 관련 정보 대상)

가. 의미

'대량(대상불특정) 장비침입영장(Bulk equipment interference warrants)'이란 '해외 관련 통신, 정보 또는 장비데이터(equipment data)'의 취득을 목적으로 대상 장비에 대한 간섭 · 침해를 허용하는 영장이다. '해외 관련 통신 · 의사소통(overseas-related communications)'이란 외국에 있는 사람이 송신자이거나 수신자인 통신을 말하고, '해외 관련 통신 · 의사소통(overseas-related information)'이란 해외에 있는 사람 관련 정보를 의미하고, '해외 관련 장비데이터(overseas-related equipment data)'란 그것이 해외관련 의사소통 또는 해외관련 정보의 일부를 형성하거나 그와 관련성을 가지는 경우, 해외 관련 의사소통 또는 정보의 존재나 획득에 기여할 수 있는 경우를 의미한다(제176조제(2)항). 대상불특정 장비침입영장은 안보목적으로만 허용되고, 수사목적으로는 허용되지 않는다.

대상불특정 장비침입영장은 '대상특정 장비침입영장'의 한 유형인 '테마틱 대상특정장비침입영장(thematic targeted equipment warrants)'과 본질적으로 다르다. 후자는 영장의 대상을 특정할 수 있지만, 영장 청구 · 발부 당시에는 영장의 대상을 모두 특정하는 것이 어려운 경우에 특정의 사항 · 주제에 따라 발부되지만, 발부 이후 대상이 되는 장비는 추가 · 수정 · 변경될 수 있는 경우를 말한다.[141] 반면에 대상불특정 장비침입영장은 장비침입의 목표가 될 장비를 특정하는 것 자체가 불가능한 경우에 '테마틱 대상특정 장비침입영장'보다 덜 특정된 방법으로 발부된 영장을 통해 정보수집을 가능케 하되, 획득한 정보를 통해 국가안보이익 관련 첩보를 획득할 수 있도록 하는 정보들을 선별할 수 있는 경우에 인정되는 영장이다.[142]

나. 대상특정 검사영장

대상불특정 장비침입영장을 통해 수집된 정보에서 영국인 관련 정보를 검색하고자 하는 경우에는 '대상특정 검사 영장'을 발부받아야 한다.

141) Equipment Interference Code of Practice, p. 98면.

142) Equipment Interference Code of Practice, p. 98면.

제3절 | 미국

1 수사기관의 온라인수색

가. 온라인수색에 대한 명문규정의 부재

미국은 수사기관의 통신대상 정보수집권한과 안보정보기관의 통신대상 정보수집권한을 다른 법률을 통해 규율하고 있다. 미국에서는 '해킹기술을 이용하여 정보처리장치 또는 정보처리시스템에 저장된 데이터를 취득하는 것'을 'Network Investigative Technique, NIT'로 지칭하고 있다.[143] 수사기관의 통신대상 정보수집권한을 규율하고 있는 미국 형사소송법 및 형사소송규칙에는 '해킹 등 기술적 수단을 투입한 온라인수색'에 대한 명문규정이 없다.[144] 그러나 미국은 일반 압수·수색 권한에 대한 법규정이 온라인 수색권한까지 포함하는 것으로 해석함으로써 수사기관에 온라인수색 권한을 인정하고 있다. 일반 압수·수색 권한에 온라인 수색(NIT) 권한이 포함되는 것으로 해석하게 된 이유는 다크웹 또는 암호통신기법을 통한 범행에 대응할 필요성 때문이었다.[145]

나. 연방형사소송규칙 제41조(b)(6)

18 U.S. Code § 3103은 압수·수색영장발부사유를 연방형사소송규칙으로 규율하도록 하고 있는데, 연방형사소송규칙 제41조가 압수수색영장 발부 사유·요건에 대해 규정하고 있다. 2015년에 연방형사소송규칙 제41조가 개정되어 제(b)항 제

143) Bercovitz, Law Enforcement Hacking: Defining Jurisdiction, 121 COLUM. L. REV.1251 (2021), p. 1254.

144) 김학경, "미국의 온라인수색 제도에 관한 연구: 연방형사소송규칙 제41장 개정내용 중심으로", 시큐리티 연구 제72호, 2022, 8면 참조.

145) 전치홍, "디지털 증거의 역외 압수수색에 관한 최신 쟁점- 미국의 사례 및 법제를 중심으로 -", 형사소송 이론과 실무 제10권 제2호, 2018, 105면 이하 참조.

(6)호가 신설되었는데(개정규정은 2016년 12월부터 시행됨), NIT는 2015년에 규칙 제41조(b)(6)이 신설되기 이전부터 일반적인 '물건'을 대상으로 한 압수수색영장(2009년에 전자정보에 대한 압수수색영장이 명문규정으로 도입되기 전에) 또는 전자정보에 대한 압수수색영장(2009년에 전자정보를 대상으로 한 압수수색영장 규정이 명문으로 도입된 후부터)에 의해 허용되고 있었다.[146] 제41조(b)(6)이 신설된 것은 NIT에 대한 명문 법적 근거규정을 도입하기 위한 것이 아니라, '치안판사 관할 District 이외 지역에서 효력을 가지는 전자정보에 대한 압수수색영장'(이른바 원격 압수수색)을 인정하기 위한 것이었다.[147] 제41조(b)(1)에 의하면 치안판사(magistrate judge)는 원칙적으로 관할구역(district) 내에 위치하는 사람 또는 물건('정보'를 포함함)에 대한 수색·압수영장을 발부할 수 있다. 개정 전의 제41조(b)(2) 내지 (5)는 예외적으로 관할구역 외의 사람 또는 물건에 대한 수색·압수영장을 발부할 수 있는 경우를 규정하고 있었는데, ① 수색·압수의 대상이 영장 발부시에는 관할구역 내에 위치하였지만, 영장집행 전에 다른 관할구역으로 이동하였거나 옮겨진 경우, ② 국내 또는 국외 테러리즘의 경우, ③ 위치추적장치의 경우(다만, 설치는 관할구역 내에서), ④ 관할구역 내에서 범죄행위가 발생하였을 가능성이 있는 상황에서 수색·압수의 대상인 물건이 미국연방의 영토·미국령·미국 자치령, 미국 외교나 영사와 관련된 해외 공관 건물과 그 부지 또는 미국 정부가 소유·임차하고 있는 해외 거주지 및 모든 부속 토지, 그리고 미국 외교나 영사 관련 임무를 수행하는 공무원들의 해외 거주지 및 모든 부속 토지 내에 위치할 때에는 다른 관할구역 외에 소재하는 사람 또는 물건(정보를 포함함)에 대한 수색·압수영장을 발부할 수 있었다.

규칙 제41조(b)를 개정하게 된 직접적 계기가 된 것은 2013년 텍사스 남부 연방 지방법원의 치안판사가 NIT를 내용으로 하는 수색·압수영장청구를 기각한 사건이다. 이 사례에서 정부는 사기 범행을 수행하는 데 사용된 것으로 여겨지는 '알 수 없는 위치에 있는 컴퓨터'를 NIT 방식으로 원격으로 수색·압수하기 위해서 수

146) 이에 대해서는 김학경, "미국의 온라인수색 제도에 관한 연구: 연방형사소송규칙 제41장 개정내용 중심으로", 시큐리티 연구 제72호, 2022, 13-15면 참조.

147) 김학경, "미국의 온라인수색 제도에 관한 연구: 연방형사소송규칙 제41장 개정내용 중심으로", 시큐리티 연구 제72호, 2022, 13-15면 참조.

색·압수영장을 청구하였는데, 치안판사는 '컴퓨터의 소재지를 알 수 없는 경우'는 예외적으로 관할구역 외에 위치하는 사람 또는 물건에 대한 수색·압수영장의 발부를 허용하는 규정인 제41조(b)(2) 내지 (5)의 어디에도 해당하지 않는다는 이유로 'NIT 방식을 이용한 수색·압수'영장의 청구를 기각하였다.[148] 또한 Playpen 사건에서도 FBI가 관할구역 이외 지역에 소재하는 서버에서 운영되는 인터넷 사이트에 대해 NIT(온라인수색)를 수행한 것이 제41조(b)의 영장관할권 규정에 반하지 않는지가 문제되었고, Playpen 관련 일련의 사건에서 일부 하급심 판례는 영장관할권 규정에 반하는 것이라고 판단하였다. 그러나 그러한 수색·압수는 영장관할권 규정을 위반한 것이기에 위법하지만, 연방수사국(FBI)은 연방지방법원 판사가 발부한 영장의 적법성을 신뢰하여 멜웨어 프로그램을 설치하여 수색·압수를 하였고, 여기에 대해서는 연방수사국의 고의나 중과실이 없으므로 '선의의 예외원칙'(Good Faith Exception)이 적용되어 수집되는 증거의 증거능력은 인정된다고 판단하였다.[149]

위와 같이 2015년의 법개정 이전에도 온라인수색 자체는 일반 수색·압수의 권한에 포함되는 것으로 인정되었지만, 관할구역 외에 위치하는 정보처리장치에 대한 온라인수색의 경우 영장관할권 문제와 관련하여 수색·압수영장 발부의 적법성이 문제되었던 것이다. 이러한 문제를 해결하기 위하여, 2015년에 규칙 제41조(b)가 개정되어 다음과 같은 제41조(b)(6)d가 신설되었다: "연방구역 내에서 관련 범죄행위가 발생하였을 가능성이 있는 상황에서 연방지방법원 치안판사는 아래의 요건 중 하나를 충족하는 경우 관할 연방구역이 아니더라도 (그러한 범죄와 관련된) 전자저장매체를 수색하거나 전자정보를 압수·복제하기 위하여 원격접근 압수수색 영장을 발부할 수 있다. (A) 저장매체나 전자정보의 위치가 기술적인 수단을 통해서 숨겨져 있는 경우 또는 (B) 연방법률 제18장 제1030조 제(a)항 제(5)호의 범죄를 수사하면서, 저장매체에 해당하는 보호대상 컴퓨터가 정당한 승인 없이 손상되었고, 그러한 컴퓨터들이 5개 이상의 재판관할 지역에 걸쳐 있는 경우."

---

148) 958 F. Supp. 2d 753 (S.D. Tex. 2013).

149) 이에 대해 자세히는 김학경, "미국의 온라인수색 제도에 관한 연구: 연방형사소송규칙 제41장 개정내용 중심으로", 시큐리티 연구 제72호, 2022, 15-18면 참조.

다. 수사기관의 온라인수색이 인정되는 범죄의 범위

앞에서 살펴보았듯이, 미국에서 수사기관의 온라인수색은 일반적인 수색·압수 권한에 포함되는 권한으로 인정되고 있다. 미국 형사소송법에 의하면, 수색·압수 영장 발부 사유·요건이 충족되면 족하지, 수색·압수가 인정되는 범죄의 범위에는 제한이 없다. 수사기관의 온라인수색은 명문규정에 의해 인정되는 것이 아니라, 법해석에 의해 그러한 일반적 수색·압수권한에 포함되는 권한으로 인정되고 있기에 온라인수색이 인정될 수 있는 범죄의 범위를 제한하는 명문규정이 없고, 판례에서도 그러한 제한이 없다.

2 안보정보기관의 온라인수색

가. 수사기관의 온라인수색의 근거규정으로서의 형사소송규칙 제41조

미국 연방형사소송규칙 제41조는 수사기관의 수사목적의 수색·압수영장 발부 사유·요건에 관한 규정이지, 안보정보기관의 안보목적의 수색·압수에 관한 근거규정이 아니다. 다만, 미국에서 FBI는 수사기관인 동시에 (국내)안보관련 정보기관이기에 '문제되는 안보위해행위가 범죄행위에 해당하는 경우'라면, FBI는 수사기관으로서 형사소송규칙 제41조에 근거하여 그러한 범죄행위의 혐의자를 대상으로 하여 온라인수색을 행할 수 있다.

나. 50 U.S.C. § 1821

50 U.S.C. § 1821 제(5)항은 안보정보기관의 '물리적 수색'을 다음과 같이 정의하고 있다.

> (5) "물리적 수색"이란 개인의 프라이버시에 대한 합리적인 기대가 있고 법집행 목적을 위해 영장이 필요한 상황에서 정보, 자료 또는 물건·재산(property)의 압수, 복제, 검사 또는 변경을 초래하기 위해 미국 내에서 이루어지는 모든 물리적 침입(기술적 수단에 의한 물건·재산

(property)의 내부 조사를 포함한다)을 의미한다. 그러나 (A) 이 편(titel)의 section 1801(f)항에 정의된 "전자 감시" 또는 (B) 미국 정부가 이 편(title)의 section 1801(f)항에 정의된 전자감시 이외의 수단을 이용하여, 해외 전자통신시스템과 관련된 연방 법률에 따라 행해진, 국제 또는 해외 통신으로부터 해외첩보정보를 취득하는 행위는 포함하지 않는다.

50 U.S.C. § 1821 제(5)항은 '기술적 수단에 의한 물건·재산(property)의 내부 조사'도 '물리적 침입'에 포함된다고 하고 있다. 연방대법원은 Kyllo 사건에서 '연방수사관이 집 맞은 편 도로가에 차를 세워둔 채, 집의 온도변화를 열화상이미지로 스캔하는 행위'는 수색에 해당한다고 판단하였다. 이러한 판례상의 수색 개념 이해방식은 50 U.S.C. § 1821 제(5)항의 "기술적 수단을 이용한" 물리적 침입 또는 물리적 수색이 어떠한 경우를 의미하는지를 이해할 수 있도록 한다.[150] 즉, '수색'의 개념 또는 '수색'에 해당하는 행위의 범위는 수사기관의 수색이든, 안보정보기관의 수색이든 다르지 않다고 할 수 있다.

다. 50 USC § 1801 제(f)항

50 USC § 1801 제(f)항은 '전자감시(Electronic surveillance)'를 '전자적, 기계적 또는 다른 감시장치를 이용하여 통신내용을 획득하는 것(the acquisition by an electronic, mechanical, or other surveillance device of the contents)'으로 정의하고 있다. 소프트웨어가 '다른 감시장치'에 해당할 수 있는지에 대해 아직, 권한있는 기관에 의해 공개적으로 밝혀진 적은 없다고 한다.[151] 그러나 문헌에서의 한 견해는, "전기적, 기계적 또는 **기타** 감시장치"라고 하고 있기에 소프트웨어가 하드웨어의 작동 또는 기능에 영향을 미치는 방식으로 작동하는 경우라면, 예컨대 맬웨어 소프트웨어의 설치 그리고 그에 영향받은 하드웨어는 '감시도구(surveillance device)'로 이해될 수 있다고 한다.[152] 이러한 견해에 의하면, 온라인수색은 FISA상의 '전자감시'에 해당하게 된다.

150) Wilson, National Security Investigations and Prosecutions § 7:18, 2025.

151) Wilson, National Security Investigations and Prosecutions § 7:10, 2025.

152) Wilson, National Security Investigations and Prosecutions § 7:10, 2025.

라. 소결

미국은 수사기관의 경우, 온라인수색에 관한 명문규정이 없음에도 수사기관의 일반적인 수색 · 압수 권한에 대한 규정을 근거로 수사기관의 온라인수색을 인정하고 있다. 미국은 안보정보기관에도 '물리적 수색 · 압수'를 명문규정으로 인정하고 있는데, 수색 · 압수권한에 온라인수색 권한이 포함된다는 법해석을 안보정보기관에도 그대로 적용하면, 안보정보기관에게도 일반적인 '물리적 수색 · 압수'권한 규정에 의해 온라인수색이 인정될 수 있다. 한편, FISA는 '전자감시'를 '전자적, 기계적 또는 다른 감시장치를 이용하여 통신내용을 획득하는 것'으로 정의하고 있는데, 미국 판례 또는 정부기관이 명시적으로 밝히고 있는 것은 아니지만, 문헌상의 견해에 의하면, 맬웨어 프로그램 이용은 '기타 감시도구'를 이용하는 것에 해당하여 '전자감시'의 용어정의에 포함되는 행위에 해당할 수도 있다.

제4절 | 독일

1 암호통신감청

가. 암호통신감청의 의미, 유형

일반통신감청은 당사자(송신자와 수신자) 사이에 통신이 이루어지고 있는 동안에 통신내용을 전기통신망에서 가로채는 것을 말한다.[153] 그런데 IP 기반의 인터넷 통신은 통신의 내용이 송신되기 이전에 특별한 소프트웨어를 통해서 데이터가 자동적으로 암호화되어 전달되고 수신자의 통신기기에서 복호화된다. 그리고 범죄자들은 특히, 테러범죄자들은 암호화된 통신을 사용하곤 한다. 이러한 암호화된 통신의 경우 일반통신감청을 통해 진행 중인 (암호화된) 통신을 감청하더라도 암호를 풀기 어려워 그 내용을 알 수 없기 때문에 감청은 실패로 끝나게 된다. 이와 같이 암호화된 통신의 경우 일반통신감청은 성과를 가질 수 없기에 이에 대한 대응방법으로 마련된 것이 암호통신감청(Quellen TKÜ) 또는 소스통신감청이다. 암호통신감청이란 통신내용의 전송 중에 또는/그리고 통신의 내용이 송신자의 통신기기에서 송신되기 전에 즉, 암호화되기 전에 그리고 수신자의 통신기기에서 수신되어 복호화된 후에 기술적 수단(즉, 감시소프트웨어)을 이용하여 감시 및 기록하는 전기통신감청을 말한다.[154] 암호통신감청은 일반적으로 일차적 조치(핵심조치)와 이차적 조치(부속조치)로 나뉘어 수행되는데, 핵심조치는 감청 그 자체로서 통신의 내용이 암호화되기 이전 또는 복호화된 이후 감시 소프트웨어가 통신 내용을 실시간으로 가로채서 수사 기관의 서버로 전달하여 기록하는 것을 말하고, 부속조치는 감청대상자의 해당 시스템에 비밀리에 침입하여 감시소프트웨어를 설치하거나 감청 종료

153) 박희영, “수사 목적의 암호통신감청(Quellen TKÜ의 허용과 한계”, 형사정책연구 제29권 제2호, 2018, 28면.

154) 박희영, “수사 목적의 암호통신감청(Quellen TKÜ의 허용과 한계”, 형사정책연구 제29권 제2호, 2018, 29면.

후 이를 제거하는 것을 말한다.[155] 암호통신감청은 현재 진행 중인 암호통신감청과 통신 종료 후 암호통신감청으로 구분되는데, 후자는 그 성격이 온라인 수색에 해당하므로 '제한적 온라인 수색' 또는 '작은 온라인 수색'이라고도 한다.

암호통신감청은 인정되는 목적(범죄수사목적인지, 위험방지목적인지, 정보수집 목적인지), 인정되는 기관(수사기관에 인정되는지, 행정경찰에 인정되는지, 국가안보 관련 정보기관에 인정되는지)에 따라 ① 범죄수사목적으로 수사기관에 인정되는 암호통신감청, ② 위험방지목적으로 행정경찰에 인정되는 경찰법상의 암호통신감청, ③ 국가안보관련 정보수집목적으로 국가안보관련 정보기관에 인정되는 암호통신감청으로 나뉠 수 있다.

이하에서는 독일의 '국가안보 관련 정보기관'에 인정되는 암호통신감청제도에 대해 살펴본다.

나. 연방범죄수사청법률상의 암호통신감청

연방범죄수사청법률은 다음과 같이, 제51조제1항에서 위험방지목적의 일반통신감청을 인정하고 있고, 제51조제2항에서 위험방지목적의 암호통신감청을 인정하고 있다.

제5장 국제테러리즘 위험을 방지하기 위한 권한

제51조 전기통신의 감시

(1) 연방범죄수사청은 다음의 경우에,

1. 연방경찰법률 제17조 및 제18조에 의해서 책임을 지는 사람이고, 이것이 국가의 존립과 안전, 사람의 생명, 신체 및 자유 또는 그 소지가 공공의 이익에 상당한 가치가 있는 물건에 대한 긴급한 위험을 방지하기 위해서 허용되는 경우.
2. 그 자에게서 특정 사실이 그 자가 예견할 수 있는 시기에 적어도 그 성질에 따라서 구체화된 방법으로 제5조 제1항 제2문의 범죄를 범할 것이라는 추측을 정당화하고 있는 경우.
3. 그가 가시적인 기간 내에 제5조 제1항의 범죄를 범할 것이라는 구체적인 개연성을 그의 개인적인 행위가 뒷받침하는 경우.

155) 박희영, "수사 목적의 암호통신감청(Quellen TKÜ의 허용과 한계", 형사정책연구 제29권 제2호, 2018, 29-30면.

4. 그 자에게서 특정 사실이 그 자가 제1호의 자를 위해서 특정한 통지를 받거나 또는 그 자로부터 기인하는 통지를 받거나 전달한다는 추측을 정당화하는 경우, 또는
5. 제1호의 자가 자신의 전기통신회선이나 단말기를 이용할 것이라 추측을 특정한 사실이 정당화하는 경우이고, 위험방지 또는 범죄방지가 기타 다른 방법으로는 가망 없거나 본질적으로 어렵게 되는 경우라면 당사자가 모르게 전기통신을 감시하고 기록할 수 있다. 이 조치는 다른 사람이 피할 수 없이 관여된 경우에도 수행될 수 있다.

(2) 전기통신의 감시 및 기록은 다음의 경우에는 당사자 모르게 당사자가 이용하고 있는 정보기술 시스템에 기술적인 수단으로 침입하는 방법으로 수행된다.

1. 기술적인 조치를 통해서 오로지 진행 중인 전기통신의 감청이 확보되고
2. 전기통신의 감청을 특히 암호화되지 않은 형태로도 가능하도록 하기 위해서 정보기술시스템에의 침입이 필요한 경우 제49조 제2항이 준용된다. 제49조는 그 밖의 사항과 관련하여 여전히 유효하다.

(3) 제1항과 제2항의 조치는 연방경찰청의 장 또는 그 대리인의 신청에 의해서 그리고 법원에 의해서만 명령될 수 있다. 지체의 위험이 있는 경우 그 명령은 연방경찰청장 또는 그 대리인에 의해서도 행해질 수 있다. 이 경우에는 지체없이 법원의 결정이 추인되어야 한다. 3일 이내에 법원으로부터 추인을 받지 못하면 이러한 명령은 효력을 상실한다.

(4) 신청서에는 다음의 사항이 기재되어야 한다:
1. 가능한 한 성명과 주소를 포함하여 이 처분이 대상으로 하는 자.
2. 특정한 사실로부터 전화번호 또는 다른 표지가 동시에 다른 단말기에 속한다는 것이 나오지 않는 한, 감청될 통신회선 또는 단말기의 전화 번호 또는 다른 표지.
3. 처분의 종류, 범위 및 시간.
4. 제2항의 경우에는 또한 데이터의 수집을 위해서 가능한 한 침입한 정보기술시스템의 충분한 표시.
5. 사실관계.
6. 사유.

(5) 명령서에는 다음의 사항이 기재되어야 한다:
1. 가능한 한 성명과 주소가 포함된 처분 대상자
2. 특정한 사실로부터 전화번호 또는 다른 표지가 동시에 다른 단말기에 속한다는 것이 나오지 않는 한, 감청될 통신회선 또는 단말기의 전화 번호 또는 다른 표지.
3. 종료시점이 명시된 처분의 종류, 범위 및 시간
4. 제2항의 경우에는 또한 데이터의 수집을 위해서 가능한 한 침입한 정보기술시스템의 충분한 표시.
5. 본질적인 사유.

명령의 기간은 최고 3개월이며, 확보한 정보를 고려하여 명령의 요건이 존재하는 경우 3개월을 넘지 않게 매번 연장이 가능하다. 명령의 요건이 더 이상 존재하지 아니한 경우에는 그 명령을 근거로 취해진 처분은 지체없이 종료되어야 한다.

(6) 전기통신역무를 제공하거나 이에 협력하는 자(서비스제공자)는 이 명령을 근거로 연방범죄수사청에 제1항의 조치를 가능하게 하여야 하고 필요한 정보를 지체없이 제공해야 한다. 이에 대한 조치를 취해야 하는지 그리고 어떠한 범위에서 취해야 하는지는 전기통신법률과 전기통신감청법규명령에서 정한다. 서비스제공자의 손해에 대해서는 사법보상·손해배상법률 제23조가 적용된다.

(7) 암호통신감청을 통해서 사생활의 핵심영역의 정보만이 확보될 수 있다는 추측에 대한 사실상 근거가 존재하는 경우에는, 이 처분은 허용되지 않는다. 제1항과 제2항의 감청처분 집행과정에서 자동적인 기록과 함께 직접적으로 정보가 인식되는 경우라면, 감청 진행 중에 사생활의 핵심영역에 속할 수 있는 내용이 수집된다는 사실상의 근거가 있는 경우에는 그 조치는 지체없이 중단되어야 한다. 그러한 점에서 의심이 있는 경우에는, 자동기록만이 진행될 수 있다. 자동 기록은 명령을 내린 법원에 지체없이 제출되어야 한다. 법원은 지체없이 이 데이터의 사용가능성이나 삭제를 결정해야 한다. 제2문의 처분이 중단된 경우에는 그 처분이 제1문에 의해서 허용되지 않는 것이 아닌 경우에는 이 처분은 수행될 수 있다. 제1항과 제2항의 처분으로 확보된 사생활의 핵심영역에 관한 정보는 사용해서는 안 된다. 이에 대한 기록은 즉시 삭제되어야 한다. 데이터의 획득과 삭제의 사실은 문서로 기록되어야 한다. 그 문서는 데이터보호통제의 목적으로만 사용되어야 한다. 문서는 제74조에 의한 통지 후 6개월 또는 통지의 최종 포기에 관한 법원의 동의를 받은 후 6개월이 지나면 삭제되어야 한다. 제69조제1항에 의한 데이터보호통제가 아직 종료되지 않는 경우에는 그 문서는 이의 종료 시까지 보관되어야 한다.

(8) 지체의 위험이 있는 경우 연방범죄수사청장 또는 그 대리인은 연방범죄수사청의 데이터보호감독관과 협조를 구하여 결정할 수 있다. 수집된 데이터의 열람의 경우 연방범죄수사청장 또는 그 대리인은 연방범죄수사청 2명의 공무원의 기술적 지원을 받을 수 있으며, 그 중 한 명은 법관의 자격을 가지고 있어야 한다. 이들 공무원은 자신들이 알게 된 사용할 수 없게 된 정보에 관하여 누설하지 않을 의무가 있다. 제7항에 의한 법원의 재판은 지체없이 보완되어야 한다.

다. 통신비밀제한법률상의 암호통신감청

1) 2021년 7월의 통신비밀보호법률 개정의 배경

2021년 7월 5일에 공표된 「헌법보호법 조정에 관한 법률」은[156] 국제테러리즘과 극단주의테러리즘 영역에서의 새로운 도전은 민주적 법치주의와 자유민주적 기본질서에 대한 중대한 위협이 되고 있는바, 이러한 위협을 규명하기 위해서 정보기관의 권한을 조정하는 것을 목적으로 하여 연방헌법보호청법률, 군정보부법률, 연방정보부법률, 통신비밀제한법률 등의 관련 규정을 개정하는 것을 내용으로 하였는데,[157] 주요 개정사항 중 하나는 통신비밀제한법률을 개정하여 암호통신감청권을 도입하는 것이었다.

2) 통신비밀보호법률 제11조제1a항 및 제1b항에 의한 암호통신감청

통신비밀제한법률 제9조(청구권자)제2항에 의하면 동 법률상의 통신비밀제한조치의 청구권자는 연방헌법보호청, 주헌법보호청, 군정보부 및 연방정보부이다. 제10조(통신비밀제한조치 명령)에 의하면 동 법률상의 통신비밀제한조치 명령권자는 주헌법보호청에 의한 신청의 경우 주 최고관청이고, 기타의 경우는 연방내무부이다. 제11조는 통신비밀제한법률상의 통신비밀제한조치의 집행에 대해 규율하고 있는 규정인데, 2021년 7월의 개정을 통해 제11조에 다음과 같이, 암호통신감청의 근거규정인 제11조제1a항 및 제1b항이 신설되었다.

제11조 (집행)

(1) 명령서에 의거한 제한조치는 명령을 신청한 기관의 책임하에 그리고 법관의 자격을 가진 공무원의 감독 하에 집행한다.

(1a) 명령의 시점 이후에 전송되는 진행 중인 전기통신의 감시 및 기록은, 그 감시 및 기록을 특히 암호화되지 않은 형태로 가능하도록 하기 위해서 필요한 경우에 한하여 당사자가 이용하고 있는 정보기술시스템에 침입하는 방법으로도 행해질 수 있다. 명령의 시점부터 당사자의 정보기술시스템

---

156) BGBl. I 2021, Nr. 40 vom 08.07.2021, S. 2274.

157) BR-Drucksache 674/20 (Gesetzentwurf Bundesregierung).

에 저장된 통신의 내용과 상황은 진행 중인 전달과정에서도 공중전기통신망에서 암호화된 형태로 감시되고 기록될 수 있었던 경우에는 감시되고 기록될 수 있다. 제1문과 제2문에 따른 조치는 다음 각 호를 기술적으로 확보해야 한다.

1. 오로지 다음 각 목만이 감시되고 기록될 수 있다:
   a) 진행 중인 통신(제1문)
   b) 명령의 시점부터 진행 중인 통신과정에 공중전기통신망에서 감시되고 기록될 수 있었던 통신의 내용과 상황(제2문)
2. 정보기술시스템에서의 변경은 데이터수집을 위해서 불가피한 경우에만 행해질 수 있다.
3. 행해진 변경은 조치의 종료 후 기술적으로 가능한 한 자동으로 복구되어야 한다.

투입된 수단은 기술의 수준에 따라서 무권한 이용에 대하여 보호해야 한다. 복제한 데이터는 기술의 수준에 따라서 무권한 삭제 및 무권한 인식으로부터 보호해야 한다. 모든 투입에는 다음 각 호가 모두 기록되어야 한다:

1. 기술적 수단의 표시 및 이의 투입 시점
2. 정보기술시스템을 확인하기 위한 정보 및 이 시스템에서 단순히 일시적으로 행해지지 않은 변경
3. 수집된 데이터를 확인 가능하게 하는 정보
4. 조치를 수행한 조직단위.

(1b) 명령 이후에 명령 대상자의 전기통신회선의 다른 표지를 알게 된 경우, 제한조치의 집행은 이러한 표지에도 확대될 수 있다. 제1문은, 특정한 사실을 근거로 혐의자가 자신의 회선을 이용하고 있다는 것이 인정되기 때문에(제3조 제2항 제2문), 명령 대상자의 전기통신회선의 다른 표지에는 적용하지 않는다.

(2) 제한조치는 그 조치가 더 이상 필요하지 않거나 명령의 요건이 더 이상 존속하지 않는 경우 지체 없이 종료되어야 한다. 조치 종료는 명령을 행한 기관과 그 명령을 받은 제2조 제1항 제1문 또는 제1a항에 따른 협조의무자에게 통지하여야 한다. 협조의무자의 협력없이 명령이 집행된 경우에는 이 자에 대한 통지는 하지 않는다.

(3) 개봉 및 열람을 위하여 인계된 우편물은 지체 없이 다시 우편으로 전달해야 한다. 전보는 우편이 중단되지 않도록 하여야 한다. 전보의 사본은 해당 열람기관으로 인계되어야 한다.

입법이유에 의하면[158] 오늘날 통신비밀제한법의 집행에 있어서 단말기의 저장공간에서 (암호화되지 않은 형태로) 기술적으로 읽어야 하는 메신저서비스(통신 종료 후 저장되어 있는 통신내용, ruhende Kommunikation)에서 정보기관의 정보활동에 어려

158) BT-Drucksache 19/24785, S.22-23.

움이 있다고 한다. 입법자는 이러한 어려움을 제1a항 제2문을 통해서 해결하려고 한다. 새로 도입하는 제1a항은 형사소송법의 암호통신감청규정들을 모델로 하고 있다(형소법 제100a조 제1항 제2문과 제3문 및 제5항과 제6항).

제11조제1a항제1문은 '진행 중인 통신'을 대상으로 하는 '암호통신감청'의 근거 규정이고, 제1a항제2문은 '통신 종료 후' 암호통신감청의 근거규정이다. 텔레그램이나 WhatsApp과 같은 암호화된 메신저 서비스의 메시지는 일반적으로 암호화되기 전에 송신자의 단말기에 존재하고 송신된 후 수신자의 단말기에서 수신되어 복호화 후 보관되고, 메신저 서비스 제공자의 서버에는 짧게 보관되거나 보관되지 않는데, 제1a항제2문의 '통신 종료 후' 암호통신감청은 그러한 메신저서비스를 통한 암호화통신의 감청에 있어서 큰 의미를 가진다.

제15조에 의하면, 연방정보기관이 신청하고 연방내무부장관이 명령을 내리는 통신비밀제한조치의 경우 곧바로 명령이 집행되지는 않고, 이러한 명령은 G10 위원회의 사전 동의를 받아야 하는데, 이것은 통신제한조치에 대한 G10 위원회의 통제의 일환이다. 그리고 제15a조에 의하면 지체의 위험이 있는 경우에는 G10 위원회의 사전동의 없이 집행될 수 있지만 3일 이내에 사후승인을 얻어야 한다.

2 온라인수색

가. 온라인수색 개관

독일에서는 2006년 12월 20일 노르트라인 베스트팔렌주 헌법보호법에서 범죄예방목적으로 처음으로 온라인수색이 법률에 규정되었지만, 이 규정은 연방헌법재판소로부터 2008년 2월 27일 위헌판결을 받았다.[159][160] 연방헌법재판소는 노르트라인 베스트팔렌주 헌법보호법상의 온라인수색에 대해 위헌판결을 하긴 하였지만, 온라인 수색도 엄격한 요건을 갖추면 원칙적으로 허용된다고 판시하였었다.[161] 이

159) BVerfG, Urteil vom 27. Februar 2008 - 1 BvR 370/07.

160) 박희영, "독일 연방헌법재판소의 정보기술 시스템의 기밀성 및 무결성 보장에 관한 기본권", 인터넷법률 통권 제45호, 2009, 92-123.

에 따라 주 경찰법 영역 및 주 헌법보호법 영역에서 범죄예방 목적 또는 국가안보 목적의 온라인 수색이 명문규정으로 인정되기 시작하였고, 연방범죄수사청법률은 테러위험방지를 위한 온라인수색을 명문으로 도입하였다.

온라인수색에 대한 독일의 논의는 2016년 연방범죄수사청법의 비밀감시조치규정(제20a조 내지 제20z조)에 관한 연방헌법재판소의 일부 위헌 판결을 통해 새로운 전기를 마련하게 된다.[162] 연방헌법재판소는 이 판결에서 연방범죄수사청법의 비밀처분 중 온라인수색은 헌법상 기본권을 제약하지만, 기본권 제한에 대한 헌법상 기본원리를 준수하였으므로 헌법에 합치한다고 판단하였다. 이를 기화로 2017년 범죄수사를 위한 온라인수색이 형사소송법에 도입되었다. 그리하여 현재 독일은 범죄예방 및 범죄수사를 위한 온라인 수색 그리고 국가안보목적의 온라인수색에 대해 모두 법률에서 명시적 근거규정을 두고 있다.

한편 독일은 연방정보부법률을 개정하여 연방정보부가 국가안보목적으로 외국에 있는 외국인의 정보기술시스템에 해킹과 같은 기술적 수단을 투입하여 침입하여 저장된 통신내용정보를 취득할 수 있는 권한 즉, 온라인수색 권한을 최근 도입하였다. 연방정보부법률상의 온라인수색은 연방범죄수사청법과 형사소송법의 규정들을 모델로 하고 있다. 이하에서는 안보정보기관의 온라인수색 권한 위주로 살펴본다. 독일 연방범죄수사청법률상의 온라인수색 권한도 테러위험방지 목적의 온라인수색권한이라는 점에서 넓은 의미에서는 국가안보목적으로 인정되는 온라인 수색 권한이지만, 경찰에 위험방지목적으로 인정되는 온라인수색 권한이라는 점에서 이하에서는 바이에른주 헌법보호법률상의 온라인 수색과 연방정보부법률상의 온라인 수색에 대해서만 검토한다.

---

161) 김성룡, "독일 형사소송법 최근 개정의 형사정책적 시사 - 수사절차를 중심으로", 형사정책 제29권 제3호, 2017, 256면 이하 참조.

162) BVerfG Urteil vom 20. April 2016 - 1 BvR 966/09. 이 판결에 대한 소개로는 박희영, 테러방지를 위한 연방범죄수사청법의 통신감청권 등 일부 위헌, BVerfG Urteil vom 20. April 2016 - 1 BvR 966/09, 1 BvR 1140/09, 최신독일판례연구, 로앤비(www.lawnb.com), 2016.10, 1면 이하 참조; 박희영, 국가의 합법적인 해킹행위로서 온라인 수색에 관한 독일 법제 동향, 최신외국법제정보 2019 제1호, 한국법제연구원, 58면 이하 참조.

나. 바이에른 주 헌법보호법률상의 온라인 수색

1) 개관

바이에른주 헌법보호법률은 제10조에서 '정보기술시스템에 대한 비밀 접근(Verdeckter Zugriff auf informationstechnische Systeme)'이라고 하여 온라인수색에 대해 규정하고 있다.[163] 바이에른주 헌법보호법률 구 제10조는 다음과 같이 국내통신을 대상으로 하는 온라인수색을 규정하고 있었다.

제10조 (정보기술시스템에 대한 비밀 접근)

(1) 주헌법보호청은 다음 각 호의 어느 하나를 위해서 당사자가 기밀성에 대한 정당한 기대를 가지고 자신의 것으로 이용하고, 자신의 결정으로 이용하게 되는 정보기술시스템에 제9조 제1항에 따른 기술적 수단으로 비밀리에 접근할 수 있다

1. 접근데이터와 처리된 데이터를 수집하거나
2. 제1호의 조치를 준비하기 위해서 특별한 표시 및 정보기술시스템의 위치를 조사하기 위해서.

(2) 기술적 조치를 통해서 다음의 모든 사항이 확보되어야 한다.

1. 정보기술시스템은 데이터 수집을 위해서 불가피한 경우에만 변경되고,
2. 변경된 것은 조치의 종료 후 기술적으로 가능한 한 복구되어야 하고
3. 사생활의 핵심영역과 관련되는 데이터는 기술적으로 가능한 한 수집되어서는 안 된다.

투입된 수단은 기술의 수준에 따라서 무권한 이용으로부터 보호되어야 한다. 수집된 데이터는 기술의 수준에 따라서 변경, 무권한 삭제 및 무권한 인식으로부터 보호되어야 한다.

(3) 이러한 조치는 대상자에 대해서만 그리고 대상자의 정보기술시스템에 대한 접근을 통해서만 수행될 수 있다. 다른 정보기술시스템에 대한 접근은 다음 각 호에 대한 사실상 근거가 존재하는 경우에 허용된다.

1. 대상자가 그 정보기술시스템을 이용하고 있거나 이용한 경우
2. 이를 통해서 위험방지를 위해 관련된 정보가 나오는 경우

---

163) 바이에른주 헌법보호법에서는 온라인 수색(Online-Durchsuchung)이란 개념을 사용하지 않았다. 왜냐하면 헌법수호를 위한 정보수집은 경찰에 의한 형사소추나 위험방지와 관련한 수색과 달리 범죄자의 처벌이나 경찰의 기타 집행처분을 가능하게 하는 것을 직접적인 목적으로 하지 않기 때문이다. LT-Drs. 15/10313, 22; BeckOK PolR Bayern/Pechtold, 16. Ed. 15.3.2021, BayVSG Art. 10 Rn. 4.

> 3. 대상자의 정보기술시스템에 대한 접근만으로는 사실관계의 조사를 위해서 충분하지 않는 경우.

구 제10조는 2016년 연방헌법재판소의 연방범죄수사청법에 대한 판결에 따라 개정된 것이었는데도 불구하고, 2022년 4월 26일 연방헌법재판소는 '제10조 제1항에 따른 조치는 연방 또는 주의 존립과 안전을 위한 긴급한 위험의 방지를 위해, 개인의 신체, 생명 또는 자유를 위해, 특별한 공익을 위해 보존되어야 할 물건을 위해서만 취해질 수 있고, 조치를 취하지 않으면 위협받는 법익에 대한 경찰의 적합한 원조가 적시에 적합하게 이루어질 수 없는 경우에만 인정된다'고 하면서 바이에른주 헌법보호법률 구 제10조 제1항이 헌법에 합치하지 않고, 구 제10조 제1항은 2023년 7월 31일까지 잠정 적용되는 것으로 판시하였다.[164] 이에 따라 바이에른주 헌법보호법률 제10조는 2023년 8월 1일에 개정되었는데, 이하에서는 2022년 연방헌법재판소 판결 내용에 대해 살펴본 후, 2023년에 개정된 규정에 대해 살펴본다.

2) 2022년 연방헌법재판소 판결

가) 구 제10조 제1항 : 온라인수색 요건

연방헌법재판소는 2022년 판결에서 바이에른주 헌법보호법률 제10조 제1항의 이른바 온라인수색은 기본법 제1조 제1항 및 제2조 제1항의 일반적 인격권의 특수한 형태인 정보기술시스템의 기밀성 및 무결성 보장에 대한 기본권에 합치하지 않는다고 판시하였다. 연방헌법재판소는 온라인수색은 적어도 경찰법적 의미에서 식별가능한 위험이 존재하는 경우에만 허용될 수 있다고 보았다.

일반적으로 정보기관의 활동에서는 경찰기관의 활동의 요건인 위험의 존재(Vorliegen einer Gefahr)를 그 전제로 하지 않고, 다만 입법자가 헌법보호를 위해 특별히 인정하는 '정보의 필요성'이 요구된다. 헌법수호를 위해서 타인의 정보통신시

164) Urteil des Ersten Senats vom 26. April 2022 - 1 BvR 1619/17 - (Bayerisches Verfassungsschutzgesetz)

스템에 비밀리에 접근할 필요가 있는 충분한 사실적 단서나 개별사안에서 감시조치가 취해질 필요성이 있을 것이 요구된다. 헌법보호청은 헌법보호법에 따라 특별히 중요한 법익의 보호를 위해 정보수집의 임무를 수행하지만, 경찰과 달리 후속조치에 대한 권한을 갖는 것은 아니다.[165] 이를 통해 정보기관의 정보수집활동은 경찰활동에 비하여 보다 완화된 요건 - 즉, 기본권제한의 문턱(Eingriffsschwelle)을 낮게 설정함 - 아래 가능하다.

그러나 관련 기본권을 중대하게 제한 또는 침해할 수 있는 온라인수색과 같은 정보수집조치 또는 감시조치에 대해서는 일반경찰활동에서 요구되는 비례의 원칙과 동일한 정도의 원칙이 적용되어야 한다. 적어도 구체적인 위험이 존재하거나 그렇지 않으면 헌법보호와 관련된 특별한 조치의 필요성이 존재해야 한다. 입법자는 개별적인 경우, 비밀처분 등에 대한 필요성을 구체적이고 명확하게 제시해야 한다.

그러나 바이에른주 헌법보호법률 구 제10조 제1항은 조치의 목적에 대해서는 규정하고 있지 않았다. 사생활의 핵심영역 보호에 대한 헌법보호법 구 제8a조 제1항의 일반적 규율은 온라인수색에서 적용되는 특별한 요건에 충분히 부합하지 못한다.

정보수집의 차원에서(Erhebungsebene) 구 제8a조 제1항 제1문과 제10조 제2항 제1문 제3호가 정한 수집의 요건은 헌법에 합치하지만, 정보분석의 차원에서는(Auswertungsebene) 사생활의 핵심영역을 충분히 보호하고 있지 않다. 왜냐하면 주 헌법보호청이 온라인수색을 통해 정보를 수집하기 전, 독립기관에서 해당 정보가 사생활의 핵심영역에 관한 것은 아닌지 미리 심사하도록 정하고 있지 않기 때문이다.

위와 같은 이유로 연방헌법재판소는 구 바이에른주 헌법보호법상의 온라인수색 규정에 의해서는 기본권의 핵심보호영역이 충분히 보호되고 있지 않다고 보았다.

---

165) 정보기관은 일반적으로 위험의 전단계에서 정보를 수집하고 분석하여 새로운 정보를 가공하여 관련 기관에 제공한다. 정보기관은 또한 위험의 전단계 이후에도 정보 수집 및 분석 활동을 수행할 수 있다. 하지만 정보기관은 정보의 수집, 분석, 제공에 그치고 위험방지나 범죄수사를 위한 집행권한이 부여되어 있지 않다. 이러한 점에서 정보기관과 위험방지 및 수사·기소기관은 분리되어 있다. 이러한 구분은 정보기관 및 경찰(위험방지 및 범죄수사)의 분리원칙에 따른 것이다.

나) 구 제11조 : 온라인수색 절차

바이에른주 헌법보호법 구 제11조는 위헌심판의 직접적 대상조문은 아니지만, 제11조는 제9조와 제10조의 절차를 규정하고 있으므로, 제9조와 제10조의 위헌여부를 판단하는 데 있어 비례성의 원칙 준수 여부 판단에 영향을 미칠 수 있는 관련규정으로서 의미가 있다.[166)]

제11조 제1항 제1문에 의하면 제9조 비밀 주거감시와 제10조 온라인수색에는 법관의 명령이 필요하다. 이는 기본법 제13조 제4항 제1문에 상응한다.

그러나 제11조 제1항 제2문에서는 지체의 위험이 있는 경우, 주 헌법보호청의 장이나 그 대리인이 명령할 수 있다고 정한다. 동조 제3항 제1문의 경우도 그러하다. 동조 제3항 제1문의 경우, 제9조와 제10조의 조치가 오직 헌법수호를 위하여 투입된 자 -주거에 출동하여 공무중인 자 - 를 보호하기 위한 것인 경우, 명령은 주 헌법보호청의 장이나 그 대리인만이 내릴 수 있다. 이는 긴급한 경우 주 헌법보호청 내부의 승인만으로 조치를 허용하고 있는 것이며, 또한 사후 통제절차에 대해 규정하지 않은 문제가 있다.

다) 그 외 규정에 대한 판단

연방헌법재판소는 바이에른주 헌법보호법 구 제9조 제1항 제1문의 비밀 주거감시(Verdeckte Einsatz technischer Mittel zur Wohnraumüberwachung)에 대해서도 위헌으로 판단했다. 기본법 제13조 제4항은 이미 공공의 안전에 대한 급박한 위험(dringende Gefahr), 특히 공동의 위험이나 생명의 위험을 막기 위하여 필요한 경우 주거감시를 위한 기술적 장비를 설치할 수 있게 허용한다. 그러나 이러한 조치는 급박한 위험의 방지(Abwehr)를 목적으로 하는 것이어야 하는데, 구 제9조와 제10조는 이러한 위험의 방지를 '목적'으로 하고 있지 않아서 위헌이라고 판단했다. 연방헌법재판소는 오히려 헌법보호청이 구체적 위험이 발생한 경우(eine konkrete

---

166) Urteil des Ersten Senats vom 26. April 2022 - 1 BvR 1619/17 - (Bayerisches Verfassungsschutzgesetz) Rn. 90. 온라인수색명령에 대한 법관에 의한 사전 심사(richtliche Vorabkontrolle) 헌법적 관점에서 불충분하다는 청구인의 주장은 헌법소원의 형식적 요건(주장 불충분)을 충족하지 못해 부적법하다는 판단을 하였다.

eingetretene Gefahr) 더욱 광범위한 감시를 가능하도록 이 규정을 활용하고 있다고 보았다.[167] 그리고 헌법보호청의 이러한 정보수집은 다른 수단으로 위험방지가 불가능한 경우, 즉 적시에 적절한 경찰의 위험방지 조치가 이루어질 수 없는 경우에 한하여, 보충적으로 이루어질 수 있을 뿐이라는 보충성의 원칙(Subsidiarität)에 대해서도 규정하고 있지 않았다.

또한 연방헌법재판소는 바이에른주 헌법보호법 구 제8b조 제2항 제1문 제2호 역시 위헌으로 판단하였다. 동 조는 형사소송법 제100b조 제2항에 열거된 범죄 실행의 급박한 위험이 있다는 사실상의 근거가 있는 경우,[168] 주거감시 또는 온라인수색으로 획득한 정보의 2차적 활용이 가능하도록 한다. 그러나 기본권 침해의 정도가 중한 온라인수색 등의 수단으로 얻은 정보를 다른 목적으로 활용하거나 전송하기 위해서는 당초 그 정보가 수집될 때와 동일한 요건이 충족되어야 한다. 그러나 형사소송법 제100b조 제2항에는 예비단계의 범죄(Vorfelddelikte) -예를 들어 제89a조(테러예비행위 처벌), 제129a조(테러단체조직행위 처벌) 등- 에 대한 범죄를 포함하고 있다는 점에서 현실적·구체적 위험 없이도 정보의 활용을 허용하게 된다. 그리고 온라인수색 등의 수단으로 얻은 정보를 전송할 때에는 그에 상응하는 요건 -급박한 위험 또는 비례의 원칙 등- 이 충족되어야 한다. 이에 의하면 구 제8b조 제2항 제1문 제2호는 기본법 제13조와 일반적 인격권으로부터 도출되는 정보기술시스템의 신뢰성과 무결성의 보호에 관한 기본권에 위배된다.

---

167) Urteil des Ersten Senats vom 26. April 2022 - 1 BvR 1619/17 - (Bayerisches Verfassungsschutzgesetz) Rn. 42.

168) 사실상의 근거(tatsächliche Anhaltspunkte)는 사실(Tatsachen)과 비교하면 덜 엄격한 것으로 평가되지만, 애매한 근거나 단순한 추정으로는 부족하고 구체적인 혐의가 존재해야 한다. 연방헌법재판소는 온라인 수색 판결에서 사실상의 근거에 대한 엄격한 기준을 제시하고 있다. 즉 사실상 근거의 요청은 접근을 정당화하기 위해서 추측이나 일반적 경험칙만으로 충분하지 않다고 하였다. 또한 헌법재판소는 통신사실확인자료 판결에서는 보호법익에 대한 "구체적 위험에 대한 사실상의 근거"(tatsächliche Anhaltspunkte einer konkreten Gefahr)를 요구하였다. 하지만 경찰법적 의미에서의 구체적 위험은 요구되지 않는다고 하였다. 오히려 구체적 위험이 발생할 수 있는 예측이 있다면 제3조 제1항의 사실상 근거의 존재는 충분하다고 하였다. 제3조 제1항의 사실상 근거의 제한의 문턱은 형사소송법의 전기통신감청(제100a조)을 정당화하는 특정한 사실(bestimmten Tatsachen)의 제한의 문턱보다는 낮다.

3) 2023년 개정의 내용

가) 제10조(정보기술시스템으로의 비밀 접근) 개정

2016년	2023년
제10조 (정보기술시스템에 대한 비밀 접근) (1) 주헌법보호청은 다음 각 호의 어느 하나를 위해서 당사자가 기밀성에 대한 정당한 기대를 가지고 자신의 것으로 이용하고, 자신의 결정으로 이용하게 되는 정보기술시스템에 제9조 제1항에 따른(nach Maßgabe des Art. 9 Abs. 1)기술적 수단으로 비밀리에 접근할 수 있다. 1. 접근데이터와 처리된 데이터를 수집하거나 2. 제1호의 조치를 준비하기 위해서 특별한 표시 및 정보기술시스템의 위치를 조사하기 위해서	제10조 (정보기술시스템에 대한 비밀 접근) (1) 주헌법보호청은 다음 각 호의 어느 하나를 위해서 당사자가 기밀성에 대한 정당한 기대를 가지고 자신의 것으로 이용하고, 자신의 결정으로 이용하게 되는 정보기술시스템에 제9조 제1항 제1문에 열거된 법익에 대한 구체화된 위험의 방지를 위하여 (zur Abwehr einer konkretisierten Gefahr für ein in Art. 9 Abs. 1 Satz 1 genanntes Rechtsgut) 기술적 수단으로 비밀리에 접근할 수 있다. 1. 접근데이터와 처리된 데이터를 수집하거나 2. 제1호의 조치를 준비하기 위해서 특별한 표시 및 정보기술시스템의 위치를 조사하기 위해서 (제2문 추가) 제9조 제1항 제2문과 제3문을 준용한다. (제3문 추가) 수집된 정보는, 제1문의 위험을 방지하기 위한 경우 또는 형사소송법(2023년1월1일 기준) 제100b조에 의하여 동일한 조치가 가능할 정도의 범죄의 수사를 위한 경우 외에는 본래 수집의 원인과 목적을 넘어서 활용될 수는 없다.[169]

169) Art. 10. Abs. 1. Satz 3 Die erhobenen Daten dürfen über den Anlass und Zweck

2023년에 개정된 바이에른주 헌법보호법 제10조는 정보기술시스템에 대한 비밀 접근을 통한 정보수집의 요건으로 제9조 제1항 제1문에 열거된 법익 -연방 또는 주의 존립과 안전, 사람의 생명, 신체, 자유 또는 특별한 공익을 위해 유지되어야 하는 물건- 에 대한 '구체화된 위험(eine konkretisierte Gefahr)'이라는 개념을 도입하였다. '구체화된 위험'이라는 개념은 바이에른주 헌법보호법에는 새로운 개념이지만, 이미 그 동안 연방헌법재판소와 그 외 일반법원에서 확립되어 있었다. 그리고 '구체화된 위험'은 2023년 연방헌법보호청법률 개정 시 제19조 제2항에 규정되었다.[170] 아직 법익에 대한 위험의 발생이 확실하지는 않지만 이미 개별 구체적 사안에서 구체적 위험(eine konkrete Gefahr)이 있을 것으로 보여지는 특정한 사실이 나타났다면 즉, 개별 사안에서 특정 사실이 구체적 위험으로 발전할 가능성이 있다면 구체화된 위험이 있다고 할 수 있다.[171] '구체화된 위험' 개념의 도입을 통해 위험발생 여부의 판단에서 사건발생의 예견가능성(Vorhersehbarkeit des Kausalverlaufes)의 요건 인정은 보다 용이해진다. '구체화된 위험'은 '우려되는 위험(예상되는 위험, drohende Gefahr)'과 구별된다. '우려되는 위험'은 그동안 특히 바이에른 경찰법 분야에서 경찰개입제한의 문턱(Eingriffsschwelle)을 낮추는데 -보다 낮은 개입기준- 기여한 개념이다.[172] '구체화된 위험'은 '우려되는 위험'보다는 높은 정도의 위험이다.

그러나 연방헌법보호청법률 제19조 제1항 제1문에서는 개별 구체적 사안에서

hinaus, zu dem sie erhoben wurden, nur zur Abwehr einer Gefahr im Sinne des Satzes 1 oder zur Verfolgung einer Straftat, auf Grund derer eine entsprechende Maßnahme nach § 100b der Strafprozessordnung in der am 1. Januar 2023 geltenden Fassung angeordnet werden könnte, weiterverarbeitet werden.

170) § 19 Abs. 2 BVerfSchG Eine konkretisierte Gefahr nach Absatz 1 Satz 1 liegt vor, wenn sich der zum Schaden führende Kausalverlauf zwar noch nicht mit hinreichender Wahrscheinlichkeit vorhersehen lässt, aber bereits bestimmte Tatsachen im Einzelfall auf die Entstehung einer konkreten Gefahr für ein besonders gewichtiges Rechtsgut hinweisen.

171) Zöller et al., Das neue Bayerische Verfassungsschutzgesetz(BayVSG)-(k)eine Modell für den Bund und andere Länder?, KriPoz 2024, 1, 51(55).

172) 바이에른주 경찰직무법(BayPAG) 제11a조 참조; 우려되는 위험의 개념에 대한 보다 자세한 내용은 박원규, 독일 경찰법의 최근 동향-바이에른 경찰법상 '우려되는 위험' 개념의 도입을 중심으로-, 경찰법연구 제17권 제2호, 2019, 107면 이하 참조.

중요 법익에 대한 '적어도(zumindest) 구체화된 위험'의 방지를 위한 사실상의 근거가 존재하는 경우라고 하여, '구체화된 위험'이 최소한의 기준임을 분명히 한 반면,[173] 바이에른 주 헌법보호법은 이 주요 요건개념 -'구체화된 위험'- 에 대하여 어떠한 설명도 하지 않고 있다.

제10조 제1항 제2문은 제9조 제1항 제3문을 준용하므로, 온라인수색은 사안에 대한 조사가 다른 방법으로 불가능하거나 아주 어려운 경우 그리고 위협받는 법익에 대하여 적절한 경찰지원을 적시에 받을 수 없는 경우 허용된다. 그리고 법관에 의한 사전적 통제는 제11조 제1항 제1문에 의해 이루어지겠으나, 이 역시 동조 제3항과 제4항 예외 규정 -비판받고 있는- 의 적용이 가능하다는 점에서, '구체화된 위험' 개념의 도입으로서 주 헌법보호청에 과도한 활동의 재량을 부여하고 있다는 비판이 있다.[174]

나) 제11조 개정

제11조 제2항 제3문이 새로이 규정되었다. 수집된 개인(관련) 정보(personenbezogene Daten)는 그 내용을 알지 못한 채 -열람하지 않고- 즉시 삭제한 경우가 아니라면, 수집 후 지체 없이 사용여부에 대한 법관의 결정을 얻기 위해 제출되어야 한다. (형사소송법 제100d조 제3항 제2문 유사) 기존의 제3문에서 준용하고 있던 통신비밀제한법률(G 10) 규정 중 제12조 제1항과 제3항이 제외되고,[175] 새로이 제5문에 당사

---

173) § 19 Abs. 1 BVerfSchG Das Bundesamt für Verfassungsschutz darf personenbezogene Daten an eine inländische öffentliche Stelle übermitteln, soweit dies im Einzelfall auf Grund tatsächlicher Anhaltspunkte zur Abwehr einer zumindest konkretisierten Gefahr für ein besonders gewichtiges Rechtsgut erforderlich ist. Im Falle einer unmittelbar bevorstehenden Gefahr oder einer im Einzelfall bestehenden Gefahr, die von einer Bestrebung oder Tätigkeit nach § 3 Absatz 1 ausgeht, ist das Bundesamt für Verfassungsschutz zur Übermittlung verpflichtet.

174) Zöller et al., Das neue Bayerische Verfassungsschutzgesetz(BayVSG)-(k)eine Modell für den Bund und andere Länder?, KriPoz 2024, 1, 51(56).

175) 통신비밀제한법 제12조 제1항과 제3항은 당사자에 집행된 조치를 이의 정지 후 통지할 의무를 포함하고 있다. 통신비밀제한법 제12조 제1항 제2문에 따르면 통지는, 조치의 목적의 위태로움이 불가능하지 않거나 연방 또는 주의 안녕에 현저한 불이익의 발생이 예견될 수 있는 한 중지될 수 있다. 또한 특정한 요건 하에서 통지의 장기간 중지도 가능하다. 첫째,

자에게 조치에 대하여 제8b조에 의하여 통지해야 한다고 규정한다.[176)]

제11조 제4항의 내용이 개정되었다. 제10조에 의한 온라인수색이 현재 진행 중인 전자적 공격(elektronischer Angriff, 사이버공격)의 진상을 규명하기 위한 조치로서, 해당 공격이 외부 세력의 지원이나 명령에 의한 것이라는 충분한 사실적 근거(hinreichende tatsächliche Anhaltspunkte)가 존재하는 경우, 제2항 제3문과 달리 정보의 사용여부에 대하여 법원의 결정을 요하지 않는다. 다만 수집된 정보의 활용(Weiterverarbeitung, 전송, 공유 등)은 악성코드나 다른 공격기법에 대한 정보의 수집이나 분석, 공격자에 대한 조사나 정보수집의 목적으로만 가능하다(제1문). 그 외의 방식으로 수집된 정보를 사용하기 위해서는 법관의 결정이 있어야 한다(제2문). 제1문이나 제2문의 요건을 충족하지 못한 경우, 수집된 정보는 판사의 자격을 가진 공무원의 감독 아래 정보 내용을 보지 않은 채 지체 없이 삭제되어야 한다; 이 경우 통신비밀제한법률 제4조 제1항 제3문 내지 제7문이 준용된다(제3문).

다. 연방정보부법률상의 '전략적 해외감시'

1) 연혁

연방정보부는 국가안보와 관련되는 외교·안보정책 관련 정보를 다루는 즉, 국외정보를 관할하는 연방정보기관으로 '전략적 해외통신감시'를 할 수 있다. 연방정보부법률 제19조에 의하면, '전략적 해외통신감시'란 연방정보부가 자신의 직무 수행을 위해서 기술적 수단을 이용하여 외국에 있는 외국인의 개인과 관련된 통신내용

제12조 제1항 제2문의 요건 중 하나가 조치의 종료 후 5년 이후에도 여전히 존재하고, 그 요건이 확실성에 근접한 개연성으로 장래에도 존재하고, 삭제를 위한 요건이 수집기관과 수신기관에도 존재한다고 법관이 확인한 경우(참조 제11조 제2항 제3문), 통신비밀제한법 제12조 제1항 제5문은 그러한 사유를 포함하고 있다. 둘째, 당사자의 중대한 이익에 반하거나 당사자의 신분확인이나 소재지가 현저한 비용을 들어야만 조사될 수 있다고 법관이 확인하는 경우 제11조 제2항 제4문에 따른 통지는 장기간 중지될 수 있다(LT-Drs. 17/10014, 32). 그러나 효과적인 기본권 보장을 위해서 당사자에 대한 통지의 장기간 유예에 대한 재판은 독립된 기간에 의해서 통제되어야 한다. 관련 기본권의 법관유보를 근거로 제11조 제2항 제3문은 제9조와 제10조에 따른 조치를 위해서 법관의 관할을 명하고 있다.

176) 제11조 제2항 제5문 Die Maßnahme ist den Betroffenen nach Art. 8b mitzuteilen.

데이터를 사전에 명령을 받은 전략적 정보활동조치(strategische Aufklärungsmaßnahmen)에 근거하여 처리하는 것을 말하는데, 연방정보부는 연방정부의 정책 보고를 위해서 또는 외국으로부터 임박한 국제적 의미가 있는 위험을 조기에 인식하기 위해서 전략적 해외통신감시를 할 수 있다.

연방정보부는 2016년 이전에는 연방정보부법률 제1조제2항의 법률상 직무지시 규범에 근거하여 전략적 해외통신감시를 행해왔었지만, 2016년의 연방정보부법률 개정을 통해 전략적 해외통신감시를 연방정보부법률에서 명시적으로 규율하게 되었다.[177] 그러나 해외통신감청과 관련된 연방정보부법률상의 규정들(제6조, 제7조, 제13조 내지 제15조는)이 기본법 제10조 제1항(통신의 비밀)과 제5조 제1항(표현의 자유)에 합치할 수 없다는 이유로 2020년 5월 9일 연방헌법재판소로부터 위헌판결을 받았고,[178] 독일 입법자는 연방헌법재판소가 제시한 기준에 따라 「2021년 4월 19일자 연방헌법재판소와 연방행정법원의 기준을 이행하기 위한 연방정보부법률을 개정하기 위한 법률」을 통하여 연방정보부법률상의 전략적 해외통신감청에 관한 규정을 대폭 개정하였다.

개정된 연방정보부법률은 제4장(제19조 내지 제62조)에서 "기술적 정보활동(Technische Aufklärung)"이라는 장제목하에 제1절에서는 "전략적 해외통신감시에서 개인정보처리"에 대해 규율하고 있고, 제2절에서는 "전략적 해외통신감시에서 수집한 개인정보의 전달"에 대해 규율하고 있으며, 제3절에서는 "전략적 해외통신감시에서의 협력"에 대해, 제4절에서는 "특별한 유형의 기술적 정보활동"에 대해, 제5절에서는 "독립적 법적 통제"에 대해, 제6절에서는 "통지 및 평가"에 대해 규율하고 있다. 전략적 해외통신감시 활동 중 '특별한 유형의 기술적 정보활동'은 해외통신을 대상으로 한 온라인수색에 해당한다. 해외에 있는 외국인의 정보기술시스템으로의 침입은 연방정보부의 직무수행을 위해서 불가피하기 때문에 실무에서 이전부터 수행되고 있었는데, 2020년 연방헌재결정은 해외에 있는 외국인에 대한 해외 통신감시조치를 기본법 제10조(통신비밀)의 제한으로 판단하여, 상세한 권한 규

177) 박희영, "최근 독일 정보기관의 정보수집권 확대와 형사정책적 시사점 - 암호통신감청, 전략적 해외통신감청, 온라인 수색을 중심으로 -", 형사정책연구 제32권 제3호, 2021, 119면.

178) BVerfG, Urteil vom 19. Mai 2020 - 1 BvR 2835/17.

정을 요구하였는바, 독일 입법자는 연방정보부법률 제4장제3절(특별한 유형의 기술적 정보활동)에서 해외에 있는 외국인의 정보기술시스템 침입에 대한 상세한 명문 규정을 마련하였다.

2) 특별한 유형의 전략적 해외 통신감시: 온라인수색

연방정보부법률 제34조는 다음과 같이 외국에 소재하는 외국인의 정보기술시스템으로의 침입을 인정하고 있는데, 이는 해외통신을 대상으로 한 온라인수색에 해당한다.

제34조 외국에 소재하는 외국인의 정보기술시스템으로의 침입

(1) 연방정보부는 다음 각 호의 목적을 위해 필요한 경우, 자신의 임무를 수행하기 위하여 이전에 명령된 개별적인 규명조치들에 기초하여 비밀리에 기술적 수단을 이용하여 외국에 소재하는 외국인의 정보기술시스템에 침입하여 그 시스템에 저장된 인적정보를 그 내용 및 진행 중인 통신의 정황을 포함하여 수집할 수 있다.

1. 그러한 침입이 연방정부의 정치적 보고(Unterrichtung)를 위해 필요한 경우
2. 국제적 중요성을 가지는, 외국으로부터의 위해를 조기에 발견하기 위해 필요한 경우

개별적인 규명조치는 제1조제2항의 기관임무의 수행을 위해 필요하고, 다른 방법으로는 임무수행이 불가능하거나 현저히 곤란하게 되는 경우에만 집행될 수 있다.

(2) 제1항제1문제1호의 개별적인 규명조치는 그러한 조치가 연방수상청이 연방정보부에 정보규명권한을 부여한 정보들의 획득을 위해 필요한 것으로 인정되고, 그러한 조치를 통해 독일의 외교·안보정책상 중요한 의미를 가지는 새로운 정보(Erkenntnisse)를 획득할 수 있는 경우에만 허용된다.

(3) 제1항제1문제2호의 개별적인 규명조치는 연방수상청이 연방정보부에 정보규명권한을 부여한 정보들의 획득을 위해 필요한 것으로 인정되고, 그러한 조치를 통해 제19조제4항의 위험과 관련하여 독일의 외교·안보정책상 중요한 의미를 가지는 새로운 정보(Erkenntnisse)를 획득할 수 있는 경우에만 허용된다.

(4) 다음 각 호를 위한 기술적 조치가 취해져야 한다.

1. 정보기술시스템의 변경은 정보수집을 위해 불가피한 정도로만 이루어져야 한다. 그리고

---

2. 조치를 종료한 후에는 취해진 정보기술시스템에서의 변경은, 기술적으로 가능한 한, 자동적으로 원상복귀되어야 한다.

투입된 기술적 수단은 현재의 기술상황에 따라, 권한없는 사용으로부터 보호되어야 한다.

(6) 개인별 규명조치는 다른 사람이나 다른 정보기술시스템이 불가피하게 관련되는 경우에도 수행될 수 있다. 그 조치는 현존하는 모든 새로운 정보(Erkenntnisse)를 고려하여 알아볼 수 있게 의도한 결과와 비례관계에 있지 않는 불이익을 야기하지 않아야 한다.

제19조 제7항 및 제59조 제2항은, 제59조 제2항의 사례들에서 G10 위원회의 보고 대신에 독립통제위원회의 보고 그리고 G10 위원회의 결정 대신에 독립통제위원회의 결정이 행해지는 조건으로 준용한다.

(7) 연방정보부는, 제1항에 의한 개별적 정보활동조치와 관련하여 수집된 개인정보가 오로지 또는 이미 존재하는 데이터와 함께 제1항의 목적을 위해서 필요한지 지체없이 심사한다. 개별사례에서 제1문과 달리, 지체 없는 심사가 가능하지 않는 경우는, 독립 통제위원회의 동의로 심사기간은 3년까지 정해질 수 있다. 데이터가 제1항의 목적을 위해서 필요하지 않는 한, 이것은 지체없이 법관의 자격을 가진 공무원의 감독하에 삭제되어야 한다. 삭제는 기록되어야 한다. 기록 데이터는 오로지 데이터보호통제를 포함하여 데이터 처리의 통제의 수행을 위해서만 사용될 수 있다. 기록데이터는 기록한 후 둘째 연도의 말에 삭제되어야 한다.

(8) 개인정보는 수집 후 즉시 다음과 같이 표시되어야 한다:

1. 제1항 제1문의 데이터 수집 목적의 명시
2. 데이터 수집 수단의 명시.

표시는 데이터 이전 시 제외한다.

(9) 연방정보부가 소지하고 있는 외국에 있는 외국인의 정보기술시스템이나 그 복제본을 분석하기 위해서, 독립통제위원회가 개별사례의 상황을 근거로 장기간 동의하지 않는 경우, 그 분석은 데이터의 판독 후 3년 이내에 수행되어야 한다는 조건으로 제7항이 준용된다.

가) 실체적 요건(제34조)

제34조는 외국에 있는 외국인의 정보기술시스템에 해킹과 같은 기술적 수단을 투입하여 비밀리에 접근하여 정보를 수집하는 조치 즉, 온라인수색을 허용하고 있다. 정보수집은 정보기술시스템에 저장되어 있는 통신데이터 및 기타 데이터 그리고 진행 중인 전기통신을 포함한다.[179]

179) BT-Drucksache 19/26103, S. 95.

제1항 제1문의 정보기술시스템의 접근에는 연방정보부 장 또는 그 대리인의 명령이 필요하다(제37조 제1항). 그리고 독립통제위원회(Unabhängigen Kontrollrat)는 명령집행 전 명령의 정당성을 심사한다(제37조 제4항). 개인별 -피의자별- 명령과 집행 이전에 독립된 통제위원회를 통한 정당성 심사를 받게 한 것은 정보기술시스템의 접근으로 발생하는 기본권 제한의 중대한 비중을 고려한 것이다.

제1항의 '기술적 수단'(technischen Mitteln)은 정보기관의 정보기술 수단으로 이해된다. 제1항 제2문은 특별한 비례성심사를 규정하고 있다. 여기서는 기본권제한의 특별한 강도가 고려되어야 한다. 이에 따르면 제한은, 데이터의 수집이, 특별히 외교 정책 및 안보정책적 의미가 있는 데이터를 수집하기 위해서 필요하고, 다른 정보기관의 수단이 결과를 보장할 수 없거나 동일한 결과를 보장할 수 없다는 것이 기대될 수 없는 경우에만 수행될 수 있다. 특별한 외교정책 및 안보정책적 의미가 있는 사건으로 이러한 수단의 투입을 한정한 것은 정보기술 시스템의 침입으로 야기될 높은 기본권 제한의 강도 때문이다.

전략적 해외통신감청(제19조)을 통한 접근과 비교하여 외국에 있는 외국인의 정보기술시스템에 접근하는 것은 기본적으로 기본권 제한의 강도가 무겁다. 따라서 제한문턱(Eingriffsschwellen)을 높게 설정하였다. 그러므로 외국에 있는 외국인의 정보기술시스템에 기술적 수단을 투입하여 접근함으로써 데이터를 수집하는 것은 상응한 직무와 관련한 새로운 정보(Erkenntnisse)를 얻을 수 있다는 가정(추측)을 정당화화는 사실(Tatsachen)이 존재하는 경우에만 허용된다(제3항). 이 경우에는 사실상의 근거(Tatsächliche Anhaltspunkte)로는 부족하고 사실이 요구된다. 게다가 데이터 수집은, 이를 통해서 제19조 제4항에서 열거된 위험영역에 관한 특별한 외교 및 안보정책적 의미가 있고 거기에 언급된 법익의 보호를 위한 새로운 정보(Erkenntnisse)가 확보될 수 있는 경우에만 허용된다.[180]

제4항을 통하여 정보기술시스템의 무결성을 보호한다. 따라서 오로지 불가피하게 필요한 접근만이 행해질 수 있다. 기술적 변경은, 기술적으로 가능한 경우, 자동으로 복구되어야 한다. 연방정보부는 또한 투입된 기술적 수단을 무권한 이용으로부터 기술의 수준에 따라서 보호해야 할 의무가 있다.[181]

180) BT-Drucksache 19/26103, S. 96.

제6항에서는 정보기술시스템 침입은 다양한 사회적 관련성의 관점에서 거기에 저장되어 있는 다른 사람의 데이터가 관련될 수 있다는 사실을 고려하고 있다. 그러나 제3자 관련성은 피할 수 없으므로 정보기술시스템 침입은 실제 반드시 필요한 사례로 제한되어야 한다. 개인별 정보활동조치의 제3자 관련성은 정보수집이 대상자의 정보기술시스템에 직접 접근하여 수행될 수 없고, 다른 -제3자의- 정보기술시스템과 관련해서 존재하는 것이다. 예를 들어 극단주의 또는 테러주의 네트워크의 서버에 대한 접근은 사전에 네트워크관리자 -제3자- 의 정보기술시스템에서 수집되어야 하는 비밀번호를 통해서만 확보될 수 있는 경우이다. 이러한 데이터의 추가처리는 조치의 집행을 위해서 반드시 필요한 범위에서만 행해지고, 독립통제위원회의 완전한 법적 통제에 달려있다.

나) 절차적 요건

(1) 제37조

제37조 (명령 Anordnung)

(1) 제34조 제1항 제1문의 개별적 규명조치에는 연방정보부의 장 또는 그 대리인의 명령이 필요하다.

(2) 제1항의 명령은 서면으로 한다. 그 서면에는 다음 각 내용이 명시되어야 한다.

1. 규명(정보활동)의 목적
2. 추구하는 규명의 주제
3. 개인별 규명조치의 목적
4. 개인별 규명조치의 종류, 범위 및 기간
5. 이유
6. 필요한 경우 제34조 제7항 제2문 또는 제9항의 장기심사기간의 확정

(3) 명령은 12개월을 넘지 못한다. 확보된 새로운 정보(Erkenntnisse)를 고려하여 명령의 요건이 계속 존재하는 한, 매 12개월마다 연장이 허용된다. 명령요건이 더 이상 존재하지 않는 한, 개별적 정보활동조치는 지체 없이 종료되어야 한다.

(4) 독립통제위원회는 그 집행 전에

1. 명령의 적법성 및

181) BT-Drucksache 19/26103, S. 96.

2. 명령 연장의 적법성을 심사한다.

독립통제위원회가 명령의 적법성을 인정하지 않는 경우, 그 명령은 효력을 상실한다. 제2문은 독위원회가 명령 연장의 적법성을 인정하지 않는 경우에도 동일하게 적용되며, 이 경우 해당명령은 원래 정해진 시점에 효력을 상실한다. 지체의 위험이 있는 경우, 개별적 정보활동조치의 목적이 좌절되거나 본질적으로 어렵게 될 수 있는 경우에 한하여, 독립통제위원회의 구성원 중 한 명이 임시로 적법성을 심사할 수 있다. 임시 심사와 관련하여, 명령 또는 명령 연장의 적법성이 확인되는 경우, 명령은 집행될 수 있다. 이 경우 독립통제위원회의 (정식) 심사가 지체 없이 뒤따라야 한다. 독립 통제위원회가 제4문의 결정을 취소하는 경우,

1. 제1문 제1호의 경우 그 명령은 효력을 상실한다.
2. 제1문 제2호의 경우 그 명령은 최초 확인된 시점에서 효력을 상실하고 이미 수집된 데이터는 지체 없이 삭제되어야 한다.

(5) 연방정보부는 연방수상청에 정기적으로 제1항의 명령을 보고한다. 연방수상청은 또한 의회통제위원회에 매년 명령된 개별적 정보활동조치의 횟수를 보고한다.

제1항에 의한 개인별 규명(정보활동)조치는 연방정보부의 장 또는 대리인을 통해서 명령될 수 있다. 제2항은 제1항의 명령의 형식과 내용에 관한 정보를 포함하고 있다. 제3항은 제1항의 명령의 기간규정이다. 명령의 연장은 실체적 요건이 존재하는 한, 여러 번 허용된다.[182)]

제4항에 따르면 명령의 집행 전 그리고 연장 전에 독립 통제위원회를 통하여 정당성이 심사된다. 긴급한 상황에서 독립통제위원회의 구성원을 통한 적법성의 임시 확인에 따른 명령의 집행 가능성은, 조치의 목적이 심사절차의 지체를 통하여 좌절되거나 본질적으로 어렵게 된다는 위험이 존재하는 경우에 가능하다. 제7문은 독립통제위원회의 구성원을 통한 정당성의 임시 확인에 따른 긴급명령이 집행되었지만, 독립통제위원회가 그러한 명령의 집행에 대한 사후동의를 하지 않은 경우에 대해 규율하고 있다. 제7문에 의하면, 명령을 근거로 이미 수집된 개인정보는 지체 없이 삭제되어야 한다. 명령의 연장이 확인되지 않은 경우에는 이러한 의무는 연장 시점부터 수집된 데이터에 적용된다.

제5항은 연방수상청에 대한 연방정보부의 통지의무를 규정하고 있다. 연방수상

182) BT-Drucksache 19/26103, S. 97.

청은 의회통제위원회에 매년 제1항에 따라 내려진 명령의 수를 보고해야 한다.

(2) 제36조

제36조는 다음과 같이 사생활의 핵심영역 보호를 위한 조치들에 대해 규정하고 있다.

제36조 (핵심영역의 보호)

(1) 사생활의 핵심영역에 관한 새로운 정보를 확보할 목적으로 한 데이터 수집은 허용되지 않는다.

(2) 수집된 개인정보의 추가 처리가 사생활의 핵심영역에 해당되는 데이터가 수집되었다는 것이 분명하는 한, 이것은 지체 없이 삭제되어야 한다. 삭제는 기록되어야 한다. 기록데이터는 오로지 데이터보호통제의 집행을 위해서만 사용될 수 있다. 기록데이터는 기록 후 두 번째 연도의 경과 후까지 보관되어야 하고 그 이후 지체 없이 삭제되어야 한다.

(3) 제2항의 추가처리와 관련하여 의문이 존재하고 데이터가 지체 없이 삭제되지 않는 한, 데이터는 독립 통제위원회를 통한 사전 심사 없이 추가 처리되어서는 안 된다. 독립통제위원회가 그 데이터는 추가 처리되어서는 안 된다고 확인하는 한, 그 데이터는 지체 없이 삭제되어야 한다. 삭제는 기록되어야 한다. 기록데이터는 오로지 데이터보호통제의 집행을 위해서만 사용될 수 있다. 기록 데이터는 기록 후 둘째 연도의 경과까지 보관되어야 하고 그 이후 지체 없이 삭제되어야 한다.

제5절 | 개선방안

1 암호통신감청 및 온라인 수색의 인정 근거

비교대상 국가에서 특히, 영국과 독일에서 법률상 명문규정을 통해 온라인수색을 안보정보기관에 인정하고 있는 근거는 다음과 같다.

가. 암호통신기법 발달 등에 대응하기 위한 현실적 필요성

전 세계가 인터넷을 통해 연결되는 초연결사회로 진입하면서 랜섬웨어 등 사이버 공간에서의 공격과 위협 또한 전 세계적으로 확대되고 있으며, 사이버 공격이 지능화·고도화·대규모화되면서 경제적 피해는 물론 사회적 혼란과 국가안보에 대한 위협이 더욱 고도화되고 있는 상황이다. 특히 최근 다크웹의 활용, 인터넷 우회접속 등 정보통신의 기밀성이 높아지면서 점점 추적이 어려워지고 있을 뿐만 아니라, 통신내용의 암호화기술이 발달하여 이른바 '종단간 암호화기법'이 일반적으로 사용되고 있다. 이러한 상황은 안보정보기관이 일반통신감청 수단을 이용하여 국가안보위해 관련 통신의 내용정보를 수집하는 데에 기술적·법적 어려움을 초래하고 있다. 왜냐하면 종단간암호화기법에서는 일반통신감청 즉, 실시간 진행 중인 통신을 대상으로 하여 통신내용을 취득하더라도 통신내용이 암호화되어 있기에 안보정보기관이 그 통신의 내용을 파악할 수가 없기 때문이다.

'종단간 암호화'란 통신내용이 송신자의 기기에서 암호화되어 엔드포인트에 전송될 때까지 계속 암호화된 상태를 유지한 채 전송되어 수신자의 기기에서만 해독될 수 있도록 하는 통신의 암호화전송 기술을 말한다. 종단간 암호화 기법에서는 송신자와 수신자만 통신내용을 확인할 수 있고, 통신서비스 제공자나 제3자는 암호키를 알지 못하기에 암호화된 통신정보를 취득하더라도 통신내용을 알 수 없게 된다. 종단간 암호화에는 '공개키 암호화 방식' 등이 주로 사용된다. '공개키 암호화 방식'이란, 발신자와 수신자가 공개키와 개인키를 각각 생성하고, 발신자는 수신자의 공개키를 사용해 통신내용을 암호화하여 송신하고, 통신내용이 암호화된 채 통신서비스(또는 통신네트워크)를 통해 수신자에게 전달되고, 수신자는 자신의 개인키로만 통신데이터를 해독할 수 있도록 하는 기법이다.

이메일과 같은 인터넷 통신수단 뿐만 아니라, 인터넷을 이용한 모바일 메신저 서비스는 점점 더 많이 종단간암호화를 기본설정(default)으로 하고 있다. 세계 최대 규모의 모바일 메신저인 WhatsApp은 이미 2016년부터 종단간암호를 기본으로 채택하고 있다.[183] 종단간암호화를 기본설정으로 채택하고 있지 않은 메신저앱일지라도 옵션을 통해 예컨대 비밀대화 메시지 또는 채팅에서는 종단간암호화가 이용되고 있다. 우리나라 국민들이 가장 많이 이용하고 있는 것으로 보이는 카카오톡의 경우에도 비밀채팅에서는 종단간암호화가 이용되고 있다. 카카오톡 일반채팅의 경우 메시지 내용이 카카오 서버에도 저장되지만, 비밀채팅의 경우 종단간 암호화 기법을 통해 전송 중에도 암호화가 유지되어 전송될 뿐만 아니라, 암호화된 데이터는 카카오서버에도 저장되지 않으며, 휴대폰을 통한 비밀채팅의 경우 휴대폰에만 통신내용이 저장되며, 휴대기기와 태블릿/아이패드를 함께 사용 중인 경우 태블릿/아이패드에서는 비밀채팅을 이용할 수 없다.[184]

위와 같이 '완전한, 종단간 암호화기법'의 경우 암호화되지 않은 평문의 통신내용은 송신자와 수신자의 정보저장매체에서만 저장되고, 전송 중인 암호화된 통신데이터가 메신저 서비스 제공자의 서버에도 저장되지 않는다. 이러한 '완전한, 종단간 암호화기법'에서는 안보정보기관이 '실시간(전송 중 통신을 대상으로 하는) 일반통신감청(해킹기술을 사용하지 않음)' 허가를 받아 메신저 서비스제공자의 협조를 받아 '전송 중인, 암호화된 통신내용데이터'를 취득하더라도 내용데이터가 암호화되어 있기에 그 내용을 알지 못한다.

위와 같이 '종단간 암호화기법'을 이용한 통신 또는 다크웹 등에서의 통신 등에서는 통신 송신자 또는 수신자의 컴퓨터등 정보처리장치에 저장된 통신을 안보정

183) 김창섭 · 이상진, "안보위협 최신 암호통신에 관한 대응방안 연구", 국가안보와 전략 제21권 제3호, 2021, 53면 참조.

184) https://cs.kakao.com/search/service?serviceId=8&categoryId=1049&deviceId=3843

보기관이 획득할 수 있어야만 안보정보기관이 그 내용을 파악할 수 있고, 송신자 또는 수신자의 정보처리장치에 당사자 모르게 비밀리에 접근할 수 있는 가장 실효적인 수단은 송·수신자의 정보처리장치에 맬웨어프로그램과 같은 악성소프트웨어를 설치하는 것 즉, '해킹'방법을 통해 송·수신자의 정보처리장치에 접근하는 것이다.

영국, 독일 등이 '해킹'과 같은 기술적 수단을 투입하여 저장된 통신내용 정보를 몰래 취득할 수 있는 정보수집조치인 '온라인수색(암호통신감청 포함)'을 법률상의 명문규정을 통해 안보정보기관에 인정하고 있는 이유는 안보위해행위 관련자들이 암호통신기법 등을 이용하여 통신하는 경우 온라인수색이 그러한 통신의 내용정보를 취득할 수 있는 실효적인 대응책이기 때문이다.

나. 이론적 근거

1) '국가안보'라는 보호법익의 중요성

해외 입법례에서 살펴보았듯이, 비교대상 국가는 안보정보기관에 온라인수색권한을 인정하여 '안보목적'으로 '기술적 수단(대표적으로는 해킹)을 투입하여 정보처리장치에 침입(접속)'하여 대상 정보처리장치에 저장된 통신데이터를 취득하는 것을 허용하고 있다. 영국과 독일의 경우 각각 '대상불특정 장비침입' 또는 '전략적 해외감시'라고 하여 대상불특정 온라인수색까지 인정하고 있다.

비교대상 해외 국가들이 안보정보기관에 온라인수색 권한을 인정하고 있는 첫 번째 근거는, '국가안보'라는 보호법익이 가지는 중요성이라고 할 수 있다. 즉, 범죄수사를 위해 수사기관에 온라인수색 권한이 인정된다면, 범죄수사활동을 통해 보호하고자 하는 법익에 비해 결코 경하다고 할 수 없고, 오히려 더 중요한 법익이라고 할 수 있는 국가안보라는 보호법익은 그 중요성으로 인해 그 보호법익이 침해되기 전에 개입할 필요가 있고, 국가안보 보호를 위해 안보위해사안에 관한 정보를 수집·분석하고 공유하는 임무를 담당하는 안보정보기관에는 엄격한 요건하에서는 해킹을 이용한 정보수집 권한까지 인정된다는 것이다. 이는 독일에서 온라인수색이 수사기관에 인정되기 이전부터 안보정보기관에 먼저 인정되었다는 점을 통해서도 알 수 있다.

2) 방어적 민주주의

안보정보기관의 온라인수색은 방어적 민주주의 사상에 기초하고 있다. '암호기술을 활용하여' 자유민주적 기본질서를 위협하는 민주주의의 적에게까지 기본권을 강하게 보장할 필요는 없다는 것이다. 해외 세력 또는 해외 관련 정보에 대해서는 국내인에 비해 완화된 요건 하에 즉, 대상 불특정의 방식으로, 온라인 수색이 인정될 수 있는 것은 국가안보를 위협하는 해외 세력에게까지 엄격한 요건 하에 온라인 수색을 인정해야 하는 것은 아니라는 사고에 따른 것이다.

3) 국가안보보호 필요성과 개인의 기본권 보장 요청과의 조화

해외국가는 국가안보보호 필요성과 개인의 기본권 보장 요청과의 조화를 위해 안보정보기관에 온라인수색(암호통신감청 포함) 권한을 인정하되, 법률에서 온라인수색이 인정되는 요건, 범위 및 한계를 명확히 하고, 온라인수색이 남용되지 않도록 통제·감독장치를 강화하는 태도를 취하고 있다.

가) 대상자/사안 특성에 따른 허가요건의 차등화

영국에서는 내국인을 대상으로 한 대상특정 장비침입의 경우 의회의원, 변호사의 기밀유지특권의 대상이 되는 항목 또는 기밀보도자료나 언론정보원에 대한 온라인수색이 허용되지 않는 것으로 하고 있는 것이 아니라, 보다 더 엄격한 요건하에서만 인정되도록 하고 있다. 예컨대 의회의원을 대상으로 하는 온라인수색은 사법위원(조사권한 위원)의 승인뿐만 아니라, 수상의 승인을 받아야 하고, 장비데이터의 취득을 목적으로는 인정될 수 없다.

나) 중층적 감독·통제 장치

영국과 독일은 온라인수색을 중층적인 감독·통제 장치 하에 인정하고 있다. 영국에서는 일반 통신가로채기는 물론이고, 온라인수색의 경우에도 고위직 법관의 경험을 가진 사법위원(조사권한 위원)의 승인이 있어야만 온라인수색 영장이 발부될 수 있다. 다음으로 고위직 법관의 경험을 가진 사법위원들로 구성되는 조사권한 위원장실을 내무부 산하의 독립기구로 설치하여 영장발부 승인에 대한 권한을 부여하고 있을 뿐만 아니라, IPA에 의한 수사기관 및 안보정보기관의 조사권한 조치들이 법령에 부합하여 수행되고 있는지에 대해 감독·통제할 권한을 부여하고 있다. 이러한 감독임무 수행을 위해 조사권한위원장실에는 조사관들도 배치되어 있고, 기술자문 패널도 설치되어 있으며, 조사권한위원장실의 인력은 약 150명에 이른다. 즉, 영국의 조사권한위원장실(IPCO)은 우리 통비법상 내국인 대상 안보목적의 통신제한조치에 대한 영장 발부권한을 가지는 고등법원 수석판사와 같이 단순히 영장발부 권한을 가지는 기관이 아니라, 영장의 승인 권한과 IPA에의 조치에 대한 실효적이고, 포괄적인 감독권한을 가지는 기구이다. 조사권한위원장실에 의한 감독 업무는 매년 보고서로 수상에게 보고되고, IPCO 홈페이지에서 공개되고 있다.[185]

IPA에 의한 정보수집조치 관련자들에 의해 제기되는 소송은 '조사권한 법원'에 의해 재판되고, 조사권한 법원의 판결문은 조사권한 법원 홈페이지에서 공개되고 있다.[186]

영국과 독일에서는 안보정보기관이 행한 통신제한조치와 관련하여 의회에 의무적으로 반기별 또는 연도별 보고서를 제출하여야 한다. 그러나 우리 통비법 제15조는 국회의 상임위원회와 국정감사 및 조사를 위한 위원회의 요구가 있는 경우 대통령령이 정하는 바에 따라 통신제한조치보고서를 국회에 제출하도록 하고 있다.

2 도입방안

해외입법례 비교분석을 통해 확인할 수 있는 것은 안보정보기관이 자신의 임무를 제대로 수행할 수 있도록 하기 위해서는 안보정보기관에 온라인수색권한을 인정할 필요 있고, 다만 권한남용을 방지하기 위해 법률에서 인정 요건·범위·절차를 명확히 하고 그에 대한 충분한 감독·통제 장치를 마련해야 한다는 점이다. 따라서 우리나라도 통비법을 개정하여 수사목적뿐만 아니라 안보목적의 온라인수색

185) https://www.ipco.org.uk/publications/annual-reports/, 2025.8.1. 최종검색.

186) https://investigatorypowerstribunal.org.uk/judgments/, 2025.8.1. 최종검색.

을 도입하는 것이 적절하다. 국가정보원의 권한남용에 대한 우려 때문에 온라인수색을 도입하는 것이 쉽지는 않을 것인데, 통제·감독 장치를 현행 통비법상의 제도에 비해 더욱 강화하되, 해외 입법례와 마찬가지로 내국인을 대상으로 하는 온라인수색은 이른바 '작은 온라인수색' 즉, 암호통신감청으로 한정하고, 외국인 또는 해외 첩보를 대상으로 하는 온라인 수색은 불특정 온라인수색까지 인정하는 방안을 취하는 것이 적절해 보인다.

위와 같이 온라인수색을 도입하는 것은 현행법보다는 강화된 형태의 통제·감독 장치가 도입되는 것과 함께 이루어져야 한다. 의회에 대한 보고서 제출은 매년 의무적으로 하는 것으로 하도록 하고, 보고서에 포함되어야 하는 내용을 법률에서 명시하는 것이 적절하다. 그러나 의회에 대한 의무적 보고서 제출만으로는 충분한 통제·감독장치라고 할 수 없는바, 영국의 조사권한위원장실과 유사한 외부적 감독기구를 설치하는 것을 고려할 수도 있고, 적어도 그와 유사한 정도의 통제·감독 장치가 함께 설치되어야 온라인수색 제도가 도입될 수 있을 것이다.

한편, 온라인수색 청구사유와 관련하여서는 '경제안보'를 위한 온라인수색의 경우, 영국 입법례와 같이 외국인 관련 경제안보 사안에 한정하는 것이 적절해 보인다.

제4장

독립된 단행법률 필요 여부

제1절 안보정보기관의 통신대상 정보수집권한을 규율하는 독립된 단행법률 제정의 필요성 여부

1 우리나라 및 해외 입법례 비교

우리나라는 통비법에서 수사기관의 수사목적의 통신대상 통신(비밀)제한조치와 안보정보기관의 국가안보목적의 통신대상 통신비밀제한조치를 함께 규율하고 있다. 독일은 수사기관의 수사목적의 통신대상 정보수집조치에 대해서는 형사소송법에서 규율하고 있고, 안보정보기관의 안보목적의 통신대상 정보수집조치에 대해서는 통신비밀제한법률, 연방정보부법률 등 안보정보기관 관련 법률에서 규율하고 있고, 미국도 양자를 다른 법률에서 규율하고 있다.

한편, 영국은 IPA 및 RIPA에서 양자를 함께 규율하면서 수사기관 및 안보기관에 공통적으로 인정되는 통신비밀제한조치의 경우에는 그 요건 등을 대부분 동일하게 적용하고 있다.

2 현행 통비법 체계와 독립된 단행법률을 통한 규율의 장단점 비교

안보정보기관의 온라인수색 권한을 입법함에 있어서 어느 법률에서 규율할 것인가와 관련하여 ① 통비법을 개정하는 방안 외에도 ② 현행 국정원법을 개정하여 국정원법에서 규율하는 방법, ③ 독립된 별도의 단행법률 예컨대 오랫동안 제정필요성이 제기되고 있는, 가칭 '사이버안보 기본법'과 같은 법률을 제정하여 그곳에서 규율하는 방법 등을 생각할 수도 있다.

우리나라는 영국과 유사하게, 통비법을 통해 수사기관 및 안보정보기관의 통신대상 정보수집조치에 대해 규율하는 태도를 취하고 있다. 즉, 현행법상 수사기관 및 안보정보기관의 통신대상 정보수집조치를 규율하는 일반법은 통비법이다. 수사기관 및 안보정보기관의 통신대상 정보수집조치를 규율하는 일반법으로 통비법이 있음에도 불구하고, 안보정보기관의 온라인수색 권한을 입법함에 있어서 ② 또는 ③의 방안을 취하는 것은 관련되는 사항을 여러 법률에 산재하여 규율하는 것으로 체계정합적이지도 않을 뿐만 아니라, 온라인수색 권한을 입법함에 있어서는 관련 절차적 규정을 함께 마련하여야 하고, 감독·통제 제도 강화 또한 함께 이루어지는 것이 적절한데, 그러한 사항을 함께 정비하기 위해서는 입법기술적으로 통비법을 개정하는 것이 보다 용이하다. 따라서 통비법을 개정하여 제3장에서 검토한 개선방안을 도입하는 것이 적절하다.

제2절 | 통비법을 통한 규율에서 개선할 사항

1 '통신제한조치'의 정의 규정 마련

현행 통비법에는 '통신제한조치'에 대한 정의규정이 없고, 판례는 통신제한조치를 '통신감청'과 같은 의미로 해석하여 '진행 중인 실시간 통신'을 대상으로 내용을 지득하는 행위를 통신제한조치로 해석하고 있다. 해외 입법례를 보면, 영국과 미국은 명문규정으로 '전자감시', 통신"가로채기"의 의미를 정의하고 있다. 그러면서 송신 전 또는 수신 후 저장된 통신을 '기술적 수단을 투입하여 침입하지 않으면서' 취득하는 행위도 통신"가로채기"에 포함시키고 있다.

안보정보기관의 압수·수색 권한에 관한 명문 규정이 없는 현행법하에서는 안보정보기관이 저장된 통신을 '기술적 수단을 투입하지 않고서' 취득하는 권한에 대한 근거규정이 없는바, 통비법에 '통신제한조치'에 대한 정의 규정을 신설하고, '통신제한조치'를 실시간 진행 중인 통신을 대상으로 하는 경우뿐만 아니라, 부수적으로 송신 전 또는 수신 후 저장된 통신을 (해킹과 같은 기술적 수단을 투입하지 않고서) 취득하는 행위도 '통신제한조치'에 포함시켜 '통신제한조치'를 정의하는 것이 적절해 보인다.

위와 같이 통신제한조치를 정의하더라도 수사기관의 경우에는 현재와 큰 차이가 없다. 현행법에서도 수사기관은 범죄수사목적으로 저장된 통신 내용을 취득하는 것은 압수·수색영장을 발부받아 할 수 있는데, 통신제한조치에 관한 정의규정이 위와 같이 신설되는 경우 수사기관은 압수수색영장에 의하지 않고 통신제한조치 영장을 발부받아 저장된 통신을 취득할 수도 있게 될 뿐이다.

2 특정성 요건 관련

우리나라는 '내국인 대상 통신제한조치'(당사자 일방이 명확히 내국인인 경우)에서 어느 정도로 특정성 요건이 완화될 수 있는지를 명확히 하지 않고 있는데, 영국과 유사하게 영장의 대상에 관한 정의 규정을 도입하여 내국인 간의 통신인 경우에도 반드시 특정인으로 특정될 필요 없고, 조직이나 건물·장소 또는 공동의 목적을 가지고 행동하는 다수인, 인적 그룹이나 다수의 조직으로 특정하는 것도 가능하다는 것을 법률에서 명시하는 것이 적절해 보인다. 내국인과 해외 소재 외국인의 통신인 경우에는 대상특정 (일반)통신비밀제한조치뿐만 아니라, 사람으로 대상을 특정하지 않고 일정 검색어를 통해 정보를 수집할 수 있도록 하고, 검색어 및 수집된 정보의 검색·분석에 관한 기준을 법률에서 규정함으로써 '대상불특정(대량) 통신제한조치'도 인정하는 것으로 개정하는 것이 바람직해 보인다. 이른바 '해외통신'은 전형적으로 대상불특정 통신제한조치가 가능하다고 할 수 있으므로, 해외 소재 외국인들 간의 통신에 대해서도 대상불특정 통신제한조치가 허용됨은 물론이고, 법률에서 이를 명확히 할 필요가 있다.

3 해외통신 대상 통신비밀제한조치 관련

우리 통비법 제7조는 "대한민국에 적대하는 국가, 반국가활동의 혐의가 있는 외국의 기관·단체와 외국인, 대한민국의 통치권이 사실상 미치지 아니하는 한반도 내의 집단이나 외국에 소재하는 그 산하단체의 구성원의 통신인 때"라고 하고, 시행령에서는 외국인 대상 통신제한조치에서 대상 관련 특정성 요건에 대해 명시하지 않음으로써 해외통신에 대해 대상불특정 통신비밀제한조치가 허용된다는 점을 명확히 하지 않고 있다. 시행령 제8조는 '계획서'를 통해서 외국인 대상 통신제한조치를 할 수 있다고 하고 있는데, '계획서'란 해외국가에서 인정되고 있는 '검색어를 통한 정보수집' 즉, 대상불특정 통신제한조치를 의도하고 있는 것으로 보이지만, 우리나라는 시행령에서 그러한 '계획서'가 갖추어야 할 요건에 대해서는 자세히 규정하고 있지 않기에 시행령을 통하더라도 외국인대상 통신제한조치가 대상불특정 통신제한조치라는 점이 명확히 도출된다고 할 수는 없다.

따라서 법률에서 '순전한 해외통신'의 경우 대상불특정 통신비밀제한조치가 허용된다는 점을 명확히 하고, '계획서' 등 그러한 통신비밀제한조치를 통해 수집한 정보의 검색·분석 및 활용에 관한 주요 사항을 규율하고, 세부적인 사항을 시행령에 위임하도록 하는 것이 적절하다.

4 전기통신서비스제공자의 협조의무 이행 확보 장치 및 무선통신에 대한 통신비밀제한조치의 실효성 확보

현대에는 모든 것이 무선통신을 통해 이루어지고 있다. 따라서 휴대폰을 포함한 무선통신에 대한 감청이 활성화되지 않고서는 일반 통신제한조치의 실효성이 인정되기에 어렵다. 비교대상 국가들이 법률을 통해 통신서비스제공자에게 협조의무(감청설비 구축의무 포함)를 부과하면서, 감청설비 구축 비용을 지원하고 통신감청 실행에 소요된 비용을 국가가 보상하도록 하고 있는 것은 통신서비스 제공자의 협조를 통해서만 무선통신에 대한 감청이 실효적으로 이루어질 수 있다는 점을 반영한 것이다.

전기통신사업자가 협조의무를 이행하기 위해 감청설비를 구축하거나 개개 사건에서 협조의무를 구체적으로 이행함에는 인적, 물적 자원이 투여될 수밖에 없다. 휴대폰 통신을 포함하여 무선통신에 대한 감청의 실효성 확보를 위해서는 우리도 법률에서 전기통신사업자에게 협조의무 이행을 위한 감축설비 구축의무를 명문화하되, 외국과 같이 감청설비 구축 등에 필요한 재원을 정부가 전기통신서비스제공자에게 지원하도록 할 필요가 있다. 그리고 감축설비 구축을 하지 않는 경우에는 이행강제금을 부과할 수 있도록 이행강제금 규정을 개정할 필요가 있다. 이러한 지원제도와 함께 구체적 개별사건에서 전기통신사업자가 협조의무를 이행하지는 않는 경우를 위해 협조의무 불이행을 적절한 고액의 과태료로 제재하는 규정을 도입할 필요가 있다.[187)]

5 암호통신감청 및 온라인 수색 관련

통비법을 개정하여 수사목적뿐만 아니라 안보목적의 온라인수색을 도입하는 것이 적절하다. 국가정보원의 권한남용에 대한 우려 때문에 온라인수색을 도입하는 것이 쉽지는 않을 것인데, 통제·감독 장치를 현행 통비법상의 제도에 비해 더욱 강화하되, 해외 입법례와 마찬가지로 내국인을 대상으로 하는 온라인수색은 이른바 '작은 온라인수색' 즉, 암호통신감청으로 한정하고, 외국인 또는 해외 첩보를 대상으로 하는 온라인수색은 불특정 온라인수색까지 인정하는 방안을 취하는 것이 적절해 보인다.

위와 같이 온라인수색을 도입하는 것은 현행법보다는 강화된 형태의 통제·감독 장치가 도입되는 것과 함께 이루어져야 한다. 의회에 대한 보고서 제출은 매년 의무적으로 하는 것으로 하도록 하고, 보고서에 포함되어야 하는 내용을 법률에서 명시하는 것이 적절하다. 그러나 의회에 대한 의무적 보고서 제출만으로는 충분한 통제·감독장치라고 할 수 없는바, 영국 또는 독일에서 인정되는 안보정보기관의 통신대상 정보수집조치에 대한 외부적 감독·통제제도와 유사한 정도의 감독·통제장치를 도입할 필요가 있다. 적어도 현재보다 강화된 형태의 외부적 통제·감독 장치가 함께 설치되어야 온라인수색 제도가 도입될 수 있을 것이다.

한편, 온라인수색 청구사유와 관련하여서는 '경제안보'를 위한 온라인수색의 경우, 영국 입법례와 같이 외국인 관련 경제안보 사안에 한정하는 것이 적절해 보인다.

---

187) 이미 과거에도 이러한 내용의 통비법개정안이 발의되었지만 임기만료로 폐기되었는데, 그러한 개정안으로는 의안번호 1801650, 통신비밀보호법 일부개정법률안(이한성 의원 등 12인), 제안일자 2008. 10. 30.; 의안번호 1915387, 통신비밀보호법 일부개정법률안(박민식 의원 등 12인), 제안일자 2015. 6. 1.; 의안번호 1908985, 통신비밀보호법 일부개정법률안(서상기 의원 등 13인), 제안일자 2014. 1. 3. 참조.

참고문헌

[단행본 및 논문]

강수경 · 김호, "독일 경찰의 역사적 전개와 분리원칙", 법학연구 통권 제70집, 2022.

김병준, "한국과 영국 정보기관의 조직체계와 직무에 관한 연구", 한국공안행정학회보 제32권 제3호, 2023.

김성룡, "독일 형사소송법 최근 개정의 형사정책적 시사 - 수사절차를 중심으로", 형사정책 제29권 제3호, 2017.

김창섭 · 이상진, "안보위협 최신 암호통신에 관한 대응방안 연구", 국가안보와 전략 제21권 제3호, 2021.

김창섭 · 윤상필 · 이상진, " 해외정보기관의 디지털정보 수집 법제도 분석: 4개 중견국의 사례를 중심으로", 국가전략 제29권 제1호, 2023.

김학경, "영국 수사권한법에 규정된 온라인수색 법제에 관한 소고", 형사법의 신동향 통권 제74호, 2022.

김한균, "수사기관의 정보 수집 · 생산 기능 합리화 - 영국 국가범죄수사청 정보기능 분장 및 통제 사례를 중심으로 -", 형사소송 이론과 실무 제11권 제2호, 2019.

문경환, "주요 국가의 국내정보 활동 및 조직체계 연구 : 영국 ·미국 ·프랑스 ·우리나라의 국내정보기구를 중심으로", 한국경호경비학회 제41호, 2014.

박경규, "전자정보의 수색 · 압수에서 피압수자등의 참여권 - 대법원 2015. 7. 16. 선고 2011모1839 전원합의체 결정 및 대법원 2018. 2. 8. 선고 2017도13263 판결 -", 형사법의 신동향 통권 제65호, 2019.

박경규 · 윤해성, "독일법상 국가안보정보기관 수집 정보를 형사소추기관에게로 전달 · 공유할 수 있는 요건 · 범위", 비교형사법연구 제26권 제3호, 2024.

박원규, 독일 경찰법의 최근 동향-바이에른 경찰법상 '우려되는 위험' 개념의 도입을 중심으로-, 경찰법연구 제17권 제2호, 2019.

박희영, "최근 독일 정보기관의 정보수집권 확대와 형사정책적 시사점 - 암호통신감청, 전략적 해외통신감청, 온라인 수색을 중심으로 -", 형사정책연구 제32권 제3호, 2021.

박희영, 국가의 합법적인 해킹행위로서 온라인 수색에 관한 독일 법제 동향, 최신외국법제정보 2019 제1호, 한국법제연구원, 2019.

박희영, "수사 목적의 암호통신감청(Quellen TKÜ의 허용과 한계", 형사정책연구 제29권 제2호, 2018.

박희영, "독일 연방헌법재판소의 정보기술 시스템의 기밀성 및 무결성 보장에 관한 기본권", 인터넷법률 통권 제45호, 2009.

박희영·홍선기, "독일 정보기관의 공법 체계 및 경찰과의 분리원칙", 법학논집 제26권 제3호, 2022.

윤태영, "주요국 정보기관의 국내정보활동: 영국, 미국, 이스라엘 사례와 한국에 대한 함의", 한국치안행정논집 제12권 제3호, 2015.

이경렬·배수용, "경찰활동의 수사와 정보 분리에 관한 법제의 비교 검토", 형사법의 신동향 통권 제63호, 2019.

이주락, "영국 정보기관의 정보활동 연구: 국내정보활동을 중심으로", 한국사회안전학회지 제12권 제2호, 2017.

최영관, "'분리원칙' 및 '가외성'을 중심으로 한 국내정보 활동 방향에 관한 연구", 한국테러학회보 제14권 제4호, 2021.

Anzaldi, Matthew A./Gannon, Jonathan W., IN RE DIRECTIVES PURSUANT TO SECTION 105B OF THE FOREIGN INTELLIGENCE SURVEILLANCE ACT: JUDICIAL RECOGNITION OF CERTAIN WARRANTLESS FOREIGN INTELLIGENCE SURVEILLANCE, 88 Tex. L. Rev. 1599 (2010).

BeckOK PolR Bayern/Pechtold, 16. Ed. 15.3.2021.

Blome, Thomas/Sellmeier, Dirk, Die Bedeutung der nachrichtendienstrechtlichen Ermächtigungsgrundlagen für die öffentliche Sicherheit, NVwZ 2021, 1739 ff.

Carr, James G./Bellia, Patricia L., Law of Electronic Surveillance, 2025.

Chin, Simon, INTRODUCING INDEPENDENCE TO THE FOREIGN INTELLIGENCE SURVEILLANCE COURT, 131 Yale L.J. 655 (2021).

Deiseroth, Dieter, Nachrichtendienstliche Überwachung durch US-Stellen in

Deutschland -Rechtspolitischer Handlungsbedarf?, ZRP 2013, 194 ff.

Durkin, Thomas Anthony, PERMANENT STATES OF EXCEPTION: A TWO-TIERED SYSTEM OF CRIMINAL JUSTICE COURTESY OF THE DOUBLE GOVERNMENT WARS ON CRIME, DRUGS & TERROR, 50 Val. U. L. Rev. 419 (2016).

Friehe, Matthias/Wallrath, Till, Datenclearing zwischen Nachrichtendiensten und Polizeibehörden - Von der institutionellen Trennungsobliegenheit zum funktionalen Kooperationsgebot, NVwZ 2025, 201 ff.

Goldenziel, Jill I./Cheema, Manal, PROTECTING FIRST AMENDMENT RIGHTS IN THE FIGHT AGAINST DISINFORMATION: LESSONS LEARNED FROM FISA, 79 Md. L. Rev. 114 (2019).

Groden, Claire, FACT-CHECKING FISA APPLICATIONS, 96 N.Y.U. L. Rev. 1634 (2021).

Häberle, Peter(Hrsg.), Strafrechtliche Nebengesetz, Bd. 1, 2025.

Hall, Matthew R., CONSTITUTIONAL REGULATION OF NATIONAL SECURITY INVESTIGATION: MINIMIZING THE USE OF UNRELATED EVIDENCE, 41 Wake Forest L. Rev. 61 (2006).

Harper, Nick, FISA'S FUZZY LINE BETWEEN DOMESTIC AND INTERNATIONAL TERRORISM, 81 U. Chi. L. Rev. 1123 (2014).

Hoch, Josef/Schmidt-Räntsch, Johanna/Brunst, Phillip, Ein Jahr Rechtskontrolle der technischen Auslandsaufklärung des Bundesnachrichtendienstes, NVwZ 2023, 712 ff.

Kris/Wilson, National Security Investigations and Prosecutions, 2025

Kelber, Ulrich/Bortnikov, Vyacheslav, Digitale Souveränität von Sicherheitsbehörden und Nachrichtendiensten, NJW 2023, 2000 ff.

Kudlich, Hans(Hrsg.), Münchener Kommentar zur Strafprozessordnung, Bd. 4. GVG · EGGVG · GDolmG · EMRK · EGStGB · ZSHG · StrEG · JGG · G 10 · AO, 2 Aufl., 2025.

Meinel, Florian, Nochmals: Nachrichtendienstliche Auslandsaufklärung als Kompetenzproblem, NVwZ 2019, 1739 ff.

Meinel, Florian, Nachrichtendienstliche Auslandsaufklärung als Kompetenzproblem, NVwZ 2018, 852 ff.

Nehm, Kay, Das nachrichtendienstrechtliche Trennungsgebot und die neue Sicherheitsarchitektur, NJW 2004, 3289 ff.

Peitsch, Dietmar/Polzin, Christina, Die parlamentarische Kontrolle der Nachrichtendienste, NVwZ 2000, 387.

Rerucha, Max W., LEGISLATIVE, EXECUTIVE, AND JUDICIAL SHAPING OF THE FOREIGN INTELLIGENCE SURVEILLANCE ACT (FISA) AND THE NEED FOR A CLEARED FEDERAL PUBLIC DEFENDER, 11 DePaul J. for Soc. Just. 1 (2018).

Roggan, Fredrik, G-10-Gesetz, 2. Online-Auflage, Rechtsstand: 1.11.2018.

Schenke, Wolf-Rüdiger/Graulich, Kurt/Ruthig, Josef, Sicherheitsrecht des Bundes, 2. Aufl., 2019.

Schneider, Franziska, Eingriffshürden für nachrichtendienstliche Datenerhebungen - Eine Formel auf Grundlage der Rechtsprechung des Bundesverfassungsgerichts, NVwZ 2021, 1646 ff.

Schmidt-Räntsch, Johanna/Tombrink, Christian, Rechtsfragen zur Kontrolle des Bundesnachrichtendienstes nach dem BND-Gesetz 2021, NVwZ 2025, 1041 ff.

Schlömer, Jan, Rechtskontrolle nachrichtendienstlicher Maßnahmen: Zur Entwicklung im föderalen Kontext - Eine Analyse, ZRP 2024, 143 ff.

Schlömer, Jan, Kontrollrechtliche Aspekte des Zugriffs von Nachrichtendiensten auf IT-Systeme, NVwZ 2023, 1121 ff.

Seamon, Richard Henry/Gardner, William Dylan, THE PATRIOT ACT AND THE WALL BETWEEN FOREIGN INTELLIGENCE AND LAW ENFORCEMENT, 28 Harv. J.L. & Pub. Pol'y 319 (2005).

Serwin, Andrew B., Information Security and Privacy: A Guide to Federal and State Law and Compliance, 2025.

Walsh, Patrick, FOREIGN INTELLIGENCE, CRIMINAL PROSECUTIONS, AND

SPECIAL ADVOCATES, 47 U. Mem. L. Rev. 1011 (2017).
Zöller et al., Das neue Bayerische Verfassungsschutzgesetz(BayVSG)-(k)eine Modell für den Bund und andere Länder?, KriPoz 2024.

[기타 자료]

Anderson, David, A Question of Trust: Report of the Investigatory Powers Review (London: HMSO, 2015). https://assets.publishing.service.gov.uk/media/5a7f9b66ed915d74e622b7ca/IPR-Report-Web-Accessible1.pdf
Balodis, Joseph, UK Intelligence Community: An Overview, Jan. 7 2025, https://greydynamics.com/uk-intelligence-community-an-overview/ (2025.5.10. 최종검색).
Home Office, Equipment Interference - Code of Practice, June 2025.
Home Office, Interception of Communication - Code of Practice, June 2025.
IPCO, Annual Report of the Investigatory Powers Commissioner 2023, 2025.

저자

윤해성	한국형사 · 법무정책연구원 선임연구위원
정배근	인천대학교 교수, 법학박사
박경규	한국형사 · 법무정책연구원 연구위원
강지현	부산대학교 법학연구소 특별연구원
이성대	한세대학교 교수
김재현	오산대학교 교수
백수원	용인대학교 교수
임유석	국립군산대학교 교수
홍준호	성신여자대학교 교수
성준호	성균관대학교 법학연구소 선임연구원
윤형석	광운대학교 교수
문상혁	백석예술대학교 교수

한국안보형사법학회 총서1
선진 통신정보 수집권한 연구

초판발행 2026년 1월 30일

지은이 한국안보형사법학회
펴낸이 안종만·안상준

편　집 이지원
기획/마케팅 장규식
표지디자인 BEN STORY
제　작 고철민·김원표

펴낸곳 (주)박영사
서울특별시 금천구 가산디지털2로 53, 210호(가산동, 한라시그마밸리)
등록 1959. 3. 11. 제300-1959-1호(倫)
전　화 02)733-6771
f a x 02)736-4818
e-mail pys@pybook.co.kr
homepage www.pybook.co.kr
ISBN 979-11-303-9983-6 93360

정 가 22,000원